MDS : 279139N1
ISBN : 978-2-215-10491-9

Dépôt légal à la date de parution.
Conforme à la loi n ° 49-956 du 16 juillet 1949
sur les publications destinées à la jeunesse.
Imprimé en France par Jean-Lamour - Groupe Qualibris. (07/11)

DÉCOUVERTE DU MONDE

IMAGIA
LE MOYEN ÂGE

Conception
Émilie Beaumont

Texte
Christine Sagnier

Images
MIA : G. Costa - R. Berselli
Ink Link

FLEURUS
FLEURUS ÉDITIONS, 15-27 rue Moussorgski 75018 PARIS
www.fleuruseditions.com

Qu'est-ce que

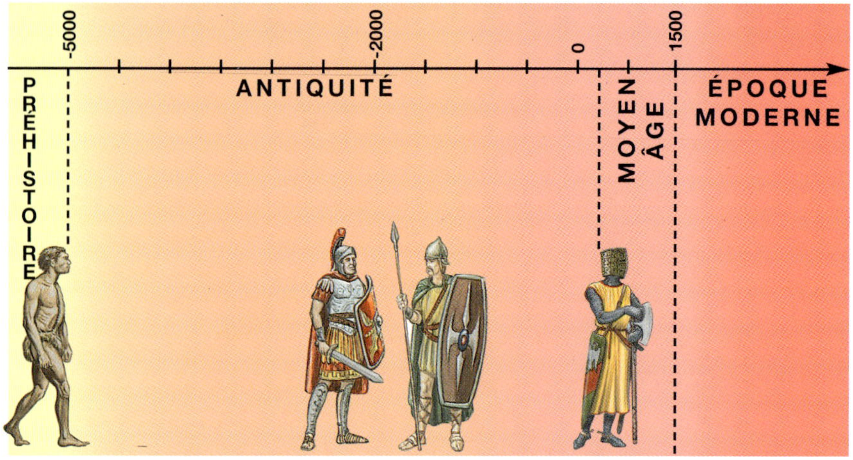

C'est une très longue période d'environ dix siècles, qui se situe entre l'Antiquité et la Renaissance. Longtemps, quand ils parlaient de cette époque, les hommes imaginaient des guerres sans fin, des paysans affamés et de terribles épidémies. Encore aujourd'hui, quand on dit d'une chose qu'elle est moyenâgeuse, c'est pour signifier qu'elle est arriérée ou barbare. Pourtant, même si la vie en ce temps-là était difficile, on ne peut pas considérer le Moyen Âge comme une époque inculte et sauvage.

Quand commence et se termine le Moyen Âge ?

Les historiens ne sont pas tous d'accord sur les dates de début et de fin du Moyen Âge. Certains affirment que la période s'étend bien au-delà des dates qu'on a imposées et qu'elle va même jusqu'à la moitié du XIXe siècle. Cependant, on admet généralement que le Moyen Âge débute au Ve siècle avec la chute de l'Empire romain, les invasions des Barbares ayant précipité le changement. Quant à la fin du Moyen Âge, on s'accorde à la situer au XVe siècle. Certains disent qu'elle coïncide avec la chute de Constantinople, la capitale de l'Empire byzantin, en 1453 d'autres pensent qu'elle correspond à la découverte de l'Amérique en 1492. Durant cette très longue période, le monde change considérablement.

le Moyen Âge ?

Il y a des phases de progrès, d'autres de régression. Les transformations sont dues aux variations du climat, à l'évolution de l'économie, des techniques mais aussi à la foi religieuse et à la politique.

Le paysage médiéval

À l'époque, l'Europe était en très grande partie recouverte de forêts. Celles-ci étaient beaucoup plus grandes que nos forêts actuelles. Autrefois, les bois recouvraient la majeure partie du territoire, avec par endroits des champs et des îlots d'habitations isolées. Les moines vont défricher l'Europe et modeler les paysages actuels.

À quoi ressemble l'Europe ?

L'Europe est divisée en petits territoires. Sur chacun d'eux règne un seigneur qui ressemble à un petit roi dans son domaine. Mais ce seigneur obéit à son tour à un autre plus puissant, et ainsi de suite jusqu'au roi. L'Europe ressemble donc à un véritable puzzle. Les rois vont attendre longtemps avant de vraiment pouvoir gouverner de main de maître de vastes royaumes.

L'Europe est-elle très peuplée ?

On ne peut pas estimer avec exactitude la population de l'Europe au Moyen Âge, mais on sait qu'elle a doublé du Xe siècle au XIIIe siècle. Il y a entre 25 et 30 millions d'habitants vers l'an mille, et de 50 à 73 millions vers 1300. Après les ravages de la Peste noire, en 1360, il n'y a plus que 45 millions d'habitants. Il suffit de quelques années pour que

l'Europe perde un quart de sa population. Les hommes ne se répartissent pas de façon égale sur tout le territoire. Dans le nord et l'est de l'Europe, il n'y a presque pas d'habitants. Vers 1300, il y a 15 à 20 millions d'habitants en France, 8 à 10 millions en Allemagne, environ 4 à 5 millions dans les îles Britanniques et seulement 1 million en Scandinavie. Actuellement, on compte environ 60 millions d'habitants en France. Au Moyen Âge, la plupart des gens vivent à la campagne. Les villes sont souvent peu peuplées, une soixantaine de cités au plus ont 10 000 habitants. Seules sept d'entre elles dépassent les 100 000 habitants et elles paraissent gigantesques.

Est-ce que l'on vit vieux ?

Avec les guerres, le manque d'hygiène, la malnutrition et le peu d'évolution de la médecine, on vit bien moins longtemps qu'aujourd'hui. À cinquante ans, un homme est déjà un vieillard. Généralement, les femmes meurent les premières, souvent en mettant les enfants au monde. Un quart des enfants décèdent avant l'âge de 5 ans, un autre quart avant 15 ans. En moyenne, on ne vit guère plus vieux que 30 ou 40 ans.

Quelle allure ont les gens ?

Les gens sont souvent plus petits qu'aujourd'hui : Charlemagne fait figure de géant avec son mètre quatre-vingt-dix. Les critères de beauté sont aussi bien différents, par exemple Berthe au grand pied devait être flattée de porter ce nom : les grands pieds sont alors jugés très élégants : la preuve, au XIVe siècle, c'est la mode de chaussures incroyablement allongées, appelées les poulaines (voir p. 77). À propos de noms, les enfants portent ceux des ancêtres de leur père ou de leur mère, auxquels on ajoute de drôles de surnoms pour différencier les membres d'une même famille : Jean sans Terre, Charles le Téméraire... À partir du XIIIe siècle, les enfants portent des noms de saints.

Qui sont-ils ?

La société est organisée en forme de pyramide tout

en haut il y a les hommes d'Église puis les hommes de guerre et enfin tous ceux qui travaillent de leurs mains. La plupart des gens travaillent dur pour vivre, Il y a 80 à 90 % de paysans. Ce sont eux qui nourrissent les seigneurs, propriétaires des terres. Les artisans et les commerçants vivent dans les villes. Enfin, les gens d'Église réunissent tout le monde et tentent de maintenir l'ordre dans une société souvent violente.

Quelles croyances ?

Qu'ils soient riches ou pauvres, tous les hommes sont liés par leur foi chrétienne. Ils croient que, par amour, Dieu a envoyé son fils Jésus Christ sauver l'humanité du mal et de la mort. Mais ils croient aussi que le Diable existe et qu'il ne cesse de pousser les hommes à faire le mal. À tout moment, le Diable risque d'apparaître avec ses démons, mais heureusement Dieu envoie des anges pour aider les hommes. Dans une civilisation qui émerge difficilement de la barbarie, beaucoup d'hommes veulent être saints, c'est-à-dire mettre en pratique la loi d'amour de l'Évangile en prenant le parti des pauvres et des malheureux. Pour les gens du Moyen Âge, la vie sur Terre n'est qu'un pèlerinage qui mène à la vraie vie dans l'Au-delà

Comment imagine-t-on le monde ?

Les gens du peuple pensent que les étoiles et les planètes exercent une influence sur la vie des hommes. Certains parents font appel à l'astrologue pour lire dans les astres la destinée de leur enfant. Quant aux tremblements de terre, aux éruptions volcaniques, on imagine qu'ils annoncent de terribles calamités ou, pire encore, la fin du monde. En ce temps-là, on croit encore la planète Terre toute plate, avec au-dessus la voûte céleste ; d'où la peur des marins de voir leurs navires engloutis dans un gouffre, une fois arrivés au bout de l'océan.

Au Moyen Âge, beaucoup imaginent que notre planète est plate.

L'Europe après

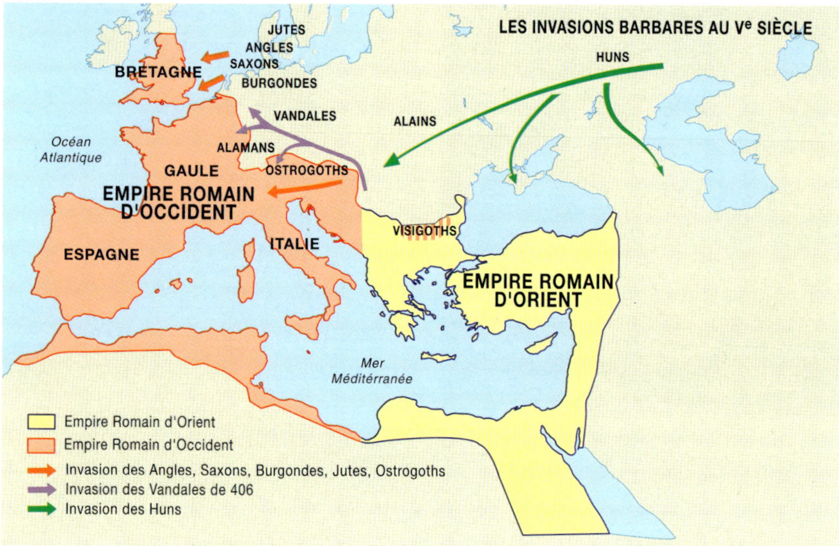

Le Moyen Âge est une période perturbée : les frontières se font et se défont, les guerres éclatent sans arrêt, la famine guette et la peste frappe sur son passage.

En 476, le dernier empereur romain d'Occident, Romulus Augustule, est chassé de son trône par Odoacre, un roi barbare. Tout l'ouest de l'ancien Empire romain est occupé par les peuples barbares, les Francs, les Alamans, les Wisigoths, les Suèves, les Alains et les terribles Vandales ! Les Ostrogoths, venus d'Europe centrale, veulent conquérir l'Italie. Leur chef Théodoric fait assassiner Odoacre et prend le pouvoir.

La force des Mérovingiens

Pendant ce temps, le peuple franc, établi au nord de la Gaule, multiplie ses conquêtes. Son chef Clovis se convertit au christianisme. Il obtient ainsi le soutien de l'Église. Toujours plus forts, les Francs marchent vers le sud. Rien ne les arrête. Même pas la mort de leur chef et le partage entre ses fils. Des quatre fils, Clotaire reste le seul en vie et rétablit l'unité. À sa mort, le royaume est à nouveau divisé.

Qui est Charles Martel ?

Sur l'autre rive de la Méditerranée, les Arabes, au nom de leur religion, l'islam, mènent la même politique de conquête. Mais du côté des Francs, la dynastie mérovingienne s'épuise. Le roi Pépin d'Herstal parvient à rétablir l'unité. Les Arabes envahissent l'Espagne et remontent vers le nord. Mais le fils de Pépin d'Herstal, Charles Martel, les arrête à Poitiers. Après cette victoire, il est considéré comme le grand défenseur du monde chrétien. En 751, son fils, Pépin le Bref, proclamé

l'Empire romain

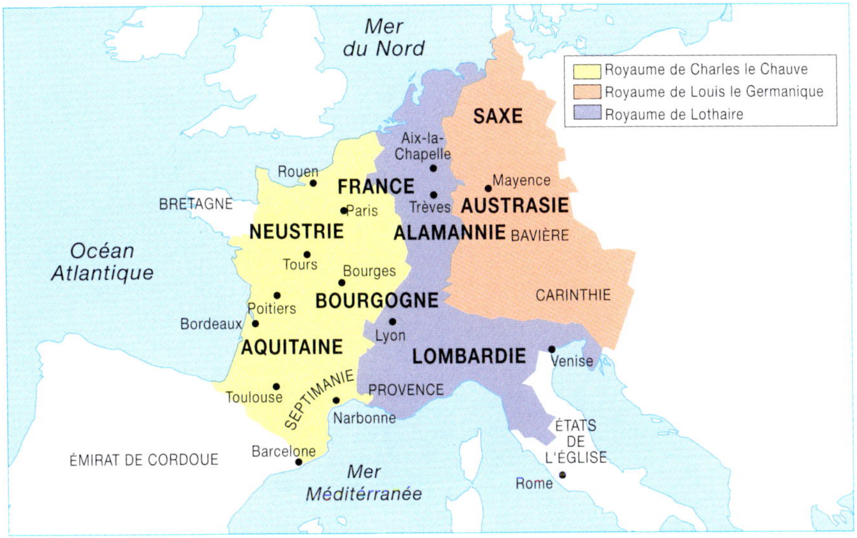

Le partage de Verdun dessine les nations à venir avec, d'un côté, la future France des Capétiens et, de l'autre, le Saint Empire romain germanique.

roi des Francs, fonde la dynastie carolingienne

Et en Angleterre ?

En Angleterre, les Romains partis, les envahisseurs anglo-saxons viennent de Germanie, de Hollande et du Danemark. Ils s'unissent et rebaptisent les terres. La Britannia des Romains devient l'Angleterre des Anglais !

L'empereur Charlemagne

À sa mort, Pépin le Bref laisse le territoire franc à ses deux fils. L'un des deux meurt, et c'est Charles Ier, futur Charlemagne, qui hérite du royaume tout entier. Charlemagne agrandit son territoire. Avec ses cavaliers, il remporte victoire sur victoire. Roi des Francs, il se trouve à la tête de la Gaule, de la Germanie, du nord de l'Espagne et des 3/4 de l'Italie. Le jour de Noël de l'an 800, le pape Léon III le coiffe de la couronne impériale ! Charlemagne devient le seul grand empereur chrétien d'Occident et son empire est presque aussi vaste que l'ancien Empire romain.

La pyramide des pouvoirs

Charlemagne ne peut gouverner seul son immense empire. Il place des comtes et des ducs à la tête de chaque grande région, chacun dirigeant sa portion de territoire. En gage de fidélité, ils reçoivent des terres. Cela forme une sorte de pyramide des pouvoirs, l'empereur trônant tout en haut. Trente ans après la mort de Charlemagne, ses trois fils se partagent l'empire lors du traité de Verdun. Lothaire reçoit un long couloir de terre de la mer du Nord à la Méditerranée, Louis hérite des territoires à l'est, et Charles des pays de l'ouest.

Charlemagne est couronné empereur par le pape en l'an 800.

Les grands royaumes féodaux

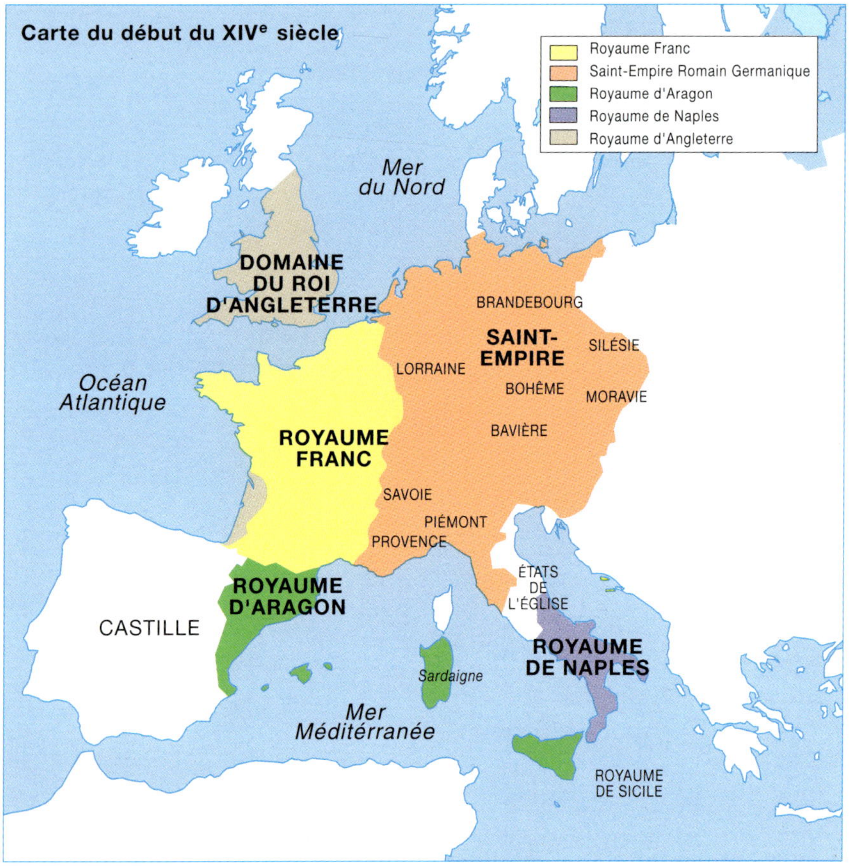

Après cinq siècles de violence et de tâtonnements, le monde occidental chrétien va enfin s'installer, papes, rois et empereurs mettant tout en œuvre pour régner avec prestige.

Qu'est-ce que le Saint Empire romain germanique ?

Ce Saint Empire regroupe les territoires de l'est de l'ancien empire de Charlemagne (voir carte). Otton Ier est couronné empereur à Rome en 962. Il prend Charlemagne pour modèle, s'appuie sur l'Église, nomme lui-même un pape et se fait aider par ses proches pour gouverner son territoire. À sa mort, c'est le souverain le plus puissant de l'Occident chrétien. Ses successeurs suivent son exemple et l'Église est de plus en plus dépendante de l'Empire. Mais le pape Grégoire VII réagit en 1073, en déclarant son pouvoir supérieur à celui de l'empereur. L'empereur Henri IV refuse cette déclaration et Grégoire VII finit par l'excommunier. C'est le chaos dans l'Empire. Finalement, en 1077, l'empereur demande pardon au pape, mais il laisse à sa mort un empire fragilisé.

Un bras de fer entre le pape et l'empereur

En 1152, l'empereur Frédéric Barberousse s'appuie sur les grands seigneurs pour rétablir la paix intérieure. Il tente d'étendre son pouvoir en Italie et se heurte encore au pape. Enfin, Charles IV de Luxembourg renonce à ses prétentions sur l'Italie. Le pape n'intervient plus dans les affaires allemandes, mais le pouvoir échappe à l'empereur au profit des grands princes. Il faut attendre 1438 pour que l'Empire retrouve son prestige.

La France des Capétiens

La France est à l'abri des invasions. Avec du temps et de la ténacité, le pouvoir

(Xe-XVe siècles)

Louis IX, aussi appelé Saint Louis, ramène la paix dans le royaume de France.

royal s'impose. À partir des premiers rois capétiens (987), la couronne royale se transmet de père en fils. Le roi essaie de bien contrôler son propre domaine et de l'agrandir si possible, mais il a du mal à contrôler son royaume tout entier.
Le mariage de Louis VII avec Aliénor, héritière d'Aquitaine, permet d'étendre l'influence royale à l'ouest. Au XIe siècle, le souverain regroupe enfin toute la noblesse sous sa bannière.

Le royaume est uni du nord au sud

C'est Philippe Auguste qui donne à la monarchie toute sa mesure. À la fin de son règne, la superficie du domaine qu'il contrôle a presque triplé. Du nord au sud, l'unité française commence à se faire.
Louis IX procure ensuite à la monarchie un prestige bien au-delà des frontières. Sa vertu et son honnêteté font sa réputation dans le monde entier. Il intervient pour réconcilier l'empereur germanique et le pape mais aussi le roi d'Angleterre et ses barons mécontents. Il meurt en croisade en 1270 et est déclaré saint en 1297.

« Le roi de fer »

Philippe IV le Bel, surnommé le roi de fer, petit-fils de Saint Louis, assied plus encore le pouvoir royal en s'aidant d'une administration de plus en plus perfectionnée.

L'Angleterre

L'Angleterre reste longtemps en dehors des conflits qui agitent le continent jusqu'à ce que les Normands mettent la main sur l'île. En 1042, Édouard le Confesseur, un Anglo-saxon venu de Normandie, devient roi d'Angleterre. Ses amitiés normandes ne plaisent pas aux princes anglo-saxons qui se révoltent. L'un des leurs, Harold, monte sur le trône à la place d'Édouard le Confesseur.

Un pays solidement tenu

Guillaume, duc de Normandie et proche

LA FRANCE FÉODALE

Hugues Capet (987-996) : Début de la dynastie capétienne.
Louis VII (1137-1180) : Mariage puis séparation d'avec Aliénor d'Aquitaine.
Philippe Auguste (1180-1223) lutte contre son puissant rival roi d'Angleterre et duc de Normandie.
Louis IX futur Saint Louis (1226-1270), et son fils **Philippe le Hardi** (1270-1285) ont une politique de paix en Angleterre.
Philippe le Bel (1285-1314) et ses fils (1314-1328) : Derniers règnes avant la guerre de Cent Ans.
Philippe VI (1328-1350) **Jean le Bon** (1350-1364), **Charles V** (1364-1380) et **Charles VI** (1380-1422) : Quatre rois au cœur de la guerre de Cent Ans.
Charles VII (1422-1461) : Fin de la guerre de Cent Ans.

LE SAINT EMPIRE ROMAIN GERMANIQUE

Otton Ier (962-973) et ses successeurs : La fondation du Saint Empire.
Conrad II (1027-1039) : Instauration d'une nouvelle dynastie.
Henri IV (1056-1105) et **Henri V** (1106-1125) : Heurts avec la papauté.
De **Frédéric Barberousse** (1152-1190) à **Frédéric II** (1220-1250) : Tentatives d'implantations en Italie.
1250 à1273 : Vacance du pouvoir impérial.
Rodolphe de Habsbourg (1273-1291) : Fin des ambitions italiennes.
Charles IV de Luxembourg (1347-1378) : couronnement à Rome en 1355 grâce au soutien du pape.
Albert II de Habsbourg (1438-1439) : Vers le retour d'un pouvoir fort.

L'ANGLETERRE

Édouard le Confesseur (1042-1066) : Anglo-Saxon venu de Normandie.
Le roi Harold (1066) **:** un roi imposé par les princes anglo-saxons.
Guillaume le Conquérant (1066-1087) : Part à la conquête de l'Angleterre.
Henri II Plantagenêt (1154-1189) : Second époux d'Aliénor d'Aquitaine.
Richard Ier Cœur de Lion (1189-1199) et **Jean sans Terre** (1199-1216) : Vers une prise de pouvoir des barons anglais.
Édouard Ier (1272-1307) : Maître du pays de Galles et de l'Écosse.
Édouard III (1327-1377) **:** En 1337, déclaration de guerre à la France .
Richard II (1377-1399) : Trêve avec la France et conflits intérieurs.
Henri V (1413-1422) : Reprise des hostilités contre la France.

Les différents règnes de l'Europe féodale.

du malheureux Édouard, se lance à la conquête du pays. Il tue le roi Harold et mate les révoltes. À sa mort, ses trois fils s'affrontent pour la couronne. Plus tard, le trône revient à Henri II Plantagenêt, marié depuis 1152 à Aliénor d'Aquitaine, répudiée par Louis VII, son premier époux. Par ce mariage, le roi d'Angleterre acquiert d'immenses domaines dans le sud-ouest de la France. Il réorganise l'armée et met en place une administration efficace. À sa mort, il laisse un pays solidement tenu.

La prise de pouvoir des barons

Richard Cœur de Lion, le fils d'Henri II Plantagenêt, part en croisade, remettant l'Angleterre sous l'autorité de son frère Jean sans Terre. Les Français reprennent certains de leurs territoires. À son retour, Richard les récupère. En 1215, Jean sans Terre, devenu roi, calme la révolte des seigneurs anglais en leur accordant une Grande Charte qui limite le pouvoir royal et renforce l'autorité des barons sur les paysans. Sous le roi Édouard Ier, les lords, c'est-à-dire les chefs de la noblesse anglaise, se réunissent régulièrement en parlement, contrôlant véritablement l'autorité royale.

L'Angleterre conquérante

Au début du XIVe siècle, l'Angleterre se lance à son tour dans une politique de conquête. Édouard Ier prend possession du pays de Galles. Son successeur Édouard II est défait par les Écossais, mais son fils Édouard III lance son armée contre la France. C'est le début de la guerre de Cent Ans (voir p. 15).

Les temps difficiles

Les nombreux morts que cause la peste sont enterrés pour la plupart dans des fosses communes et leurs affaires sont brûlées pour tenter de freiner la contamination.

Du XIVe siècle au XVe siècle, l'Europe entière connaît une grande crise. À la famine s'ajoutent les épidémies et les guerres. C'est une période très rude du Moyen Âge.

Comment la famine se déclare-t-elle ?

La production agricole est faible et la conservation des produits difficile. En cas de récoltes insuffisantes, il n'y a pas moyen de stocker la nourriture. De plus, le mauvais état général des routes gêne l'approvisionnement des régions affamées. Il suffit d'une ou deux mauvaises années agricoles pour qu'éclate la famine. Les prix montent, empêchant les plus pauvres de se nourrir. Ceux qui ne meurent pas de faim risquent de s'empoisonner en mangeant n'importe quoi, même de la chair humaine.

Les ravages de la peste

Ce sont des marins italiens contaminés en Asie qui introduisent la peste en Europe en 1347. La France, affaiblie par trois années de mauvaises récoltes, est frappée de plein fouet par la maladie. La saleté, les rats et les puces favorisent la propagation de l'épidémie. Aucun pays d'Europe n'échappe au fléau. Environ un tiers de la population de la chrétienté meurt. Comme remèdes, les médecins n'ont que des saignées ou des diètes.

La guerre de Cent Ans

En 1328, le roi de France se trouve sans héritier. Celui qui devait lui succéder, son cousin le plus proche, est Édouard III, roi d'Angleterre. Les seigneurs français lui préfèrent Philippe VI de Valois. En 1337, Édouard III déclare la guerre au roi de France. La guerre va durer plus d'un siècle. Une partie de la France est occupée par les Anglais. Le pays est ravagé par la peste et les combats. En 1429, le roi de France Charles VII, avec l'aide de Jeanne d'Arc, qui se dit envoyée de Dieu, lance une reconquête victorieuse ; la guerre se termine en 1453.

La vie économique

Avant le Xᵉ siècle, l'économie est rudimentaire : les techniques utilisées n'ont pas changé depuis l'Antiquité. Mais une grande révolution a lieu entre le Xᵉ et la fin du XIVᵉ siècle. Elle est marquée par de nombreuses inventions techniques qui favorisent le développement de l'agriculture et du commerce.

Quelle est la plus grande richesse du Moyen Âge ?

C'est la terre. Mis à part les produits de la pêche et de la chasse, c'est des cultures que dépend l'alimentation des hommes. En plus de la nourriture, la terre procure les matières premières indispensables à la vie quotidienne.

Quels sont les principaux matériaux de l'époque ?

Le bois et la pierre sont les matériaux de base des techniques, mais ces techniques sont médiocres et les outils insuffisants. Cependant, le fer révolutionne peu à peu l'équipement, même si, au Moyen Âge, on craint les nouveautés, qui profitent toujours d'avantage aux seigneurs.

Ce sont les paysans, à l'aide d'outils encore rudimentaires, qui nourrissent la société tout entière.

Quel rôle joue le commerce ?

Les artisans et les commerçants ont un rôle important : les produits qu'ils fabriquent et qu'ils vendent facilitent l'ouverture de la campagne vers la ville et favorisent les relations entre les régions et même entre les pays. Comme une toile d'araignée, les réseaux commerciaux s'étendent au Moyen Âge à travers l'Europe et le monde. Les échanges se font par la route, la mer et les fleuves.

Les matières premières

Entre le bois, la pierre et le fer, c'est la pierre qui est le matériau le plus noble. Elle peut traverser les siècles et une construction de pierre est généralement signe de richesse.

À quoi utilise-t-on le bois ?

Le bois sert pratiquement à tout. On l'utilise dans la construction des cabanes des paysans, des charpentes, des navires et des machines de guerre. Le bois entre aussi dans la fabrication des outils, des meubles et des fûts dans lesquels sont stockées les marchandises. Coupé en fagots ou transformé en charbon de bois, il permet de se chauffer mais aussi d'alimenter les fours à pain ou ceux des forges. L'écorce est utilisée pour la fabrication de chaussures ou de paniers, la résine est récupérée pour les torches et le tanin empêche les peaux de se décomposer.

Et la pierre ?

Elle peut être associée au bois. La pierre est le plus souvent réservée aux constructions prestigieuses : les châteaux à partir du XIe siècle, les cathédrales, les maisons bourgeoises, les ponts et les églises.

Le fer est-il très utilisé ?

Le fer est encore un produit rare et cher, car il faut beaucoup le travailler avant de pouvoir l'utiliser. Les progrès de la métallurgie profitent à l'agriculture : le soc en fer des charrues est bien plus efficace que le bois, la faucille et la faux sont très tranchantes et les pelles, les bêches, les haches facilitent le travail des paysans. Le fer est aussi et surtout employé dans l'armement. Le travail d'un bon forgeron garantit l'efficacité d'une épée. Une lance en bois munie d'une pointe de fer sera plus meurtrière.

L'agriculture

L'agriculture est le moteur de la vie au Moyen Âge. Hélas, par manque de moyens techniques, la terre produit peu...

Quel type de production ?

Qu'importent le climat, la situation géographique ou la qualité du sol, chacun s'efforce de produire de tout : c'est ce qu'on appelle la polyculture. On cultive principalement de l'orge, du froment, de l'avoine et des légumes. Malgré un travail sans relâche, les résultats sont médiocres et dépendants des caprices du temps. L'outillage est insuffisant et inadapté.
La terre n'est pas assez creusée, pas assez retournée. L'araire des Grecs et des Romains est utilisé jusqu'à l'apparition de la charrue à soc. Mais, même avec ce progrès, il faut souvent finir de briser les mottes de terre à la main et labourer plusieurs fois. Le sarclage (désherbage) se fait avec des outils rudimentaires en bois qui griffent à peine la terre.

Utilise-t-on des engrais ?

La terre est pauvre et les engrais chimiques n'existent pas. Les excréments des animaux servent de fumier, mais ils ne sont pas recueillis en assez grande quantité. Les crottes des pigeons servent à nourrir la terre du potager. Afin de compenser le manque d'engrais animal, on utilise des herbes et des feuilles en décomposition ou encore du chaume.

Quels sont les modes de culture ?

Une année on travaille un champ, puis l'année suivante un autre.
Les paysans d'un village sont par exemple autorisés à défricher un coin de forêt à condition de le cultiver pendant deux ans maximum. Une fois cette période écoulée, ils devront

et l'élevage

s'attaquer à un autre endroit de la forêt. La terre mal travaillée et peu nourrie se fatigue vite et ne produit pas suffisamment pour la population. Pour qu'elle puisse se reposer, les paysans cultivent les champs uniquement un an sur deux : c'est le système de la jachère. Bientôt, on décide de laisser un champ au repos, non plus un an sur deux, mais un an sur trois, donc de cultiver les deux tiers du sol. Ainsi, les surfaces cultivées sont plus nombreuses et les rendements (quantité de produits agricoles par récolte) deviennent plus importants.

L'apparition de nouvelles cultures

L'introduction du fer dans la fabrication des outils, la pose de fers sur les sabots des chevaux, l'amélioration des techniques de labour et d'attelage facilitent le travail agricole tout en favorisant l'extension des surfaces cultivées. Les récoltes s'améliorent tandis que la population demande de plus en plus de produits. Les paysans se lancent dans de nouvelles cultures comme celles des produits maraîchers, du lin ou de plantes servant de colorants pour teindre les tissus.

Quels animaux élève-t-on ?

Les terres sont plutôt réservées aux cultures qu'à l'élevage. D'ailleurs, les forêts sont pleines d'animaux qui suffisent à l'alimentation des seigneurs. Les paysans élèvent des cochons et des chèvres, qui iront se nourrir dans la forêt de glands, de feuilles et de fruits, mais aussi des poules et des oies. Les bœufs, les vaches et les ânes travaillent aux côtés des hommes, tirent la charrue et portent les récoltes. Les moutons sont élevés pour la laine qu'ils fournissent.

L'organisation

Les artisans sont indispensables : les objets qui sont fabriqués sont des objets de première nécessité. La ville est le lieu de prédilection des artisans, la demande en marchandises y étant plus importante. C'est à la ville que se trouve l'argent et que se font l'essentiel des échanges.

Que font les artisans ?

Les artisans sont très spécialisés. Le boucher vend de la viande, le volailler de la volaille, l'agnelier de l'agneau, le ciergier fait des chandelles, le parcheminier du parchemin... Un grand nombre de ces activités n'existe plus aujourd'hui. Certains de ces métiers sont plus valorisants que d'autres. On craint par exemple le boucher, qui tue et ébouillante les bêtes, alors qu'on apprécie le travail plus noble de l'orfèvre ou du verrier. Plus la ville est grande et plus on y trouve des métiers différents. Avec le développement économique, les métiers varient selon la spécialité et la richesse de la ville.

Maîtres et ouvriers

Les métiers sont organisés avec rigueur. Les artisans travaillent dans des ateliers. Chaque atelier a un maître qui dirige des ouvriers, des valets et des apprentis. L'apprentissage dure plusieurs années. L'apprenti, devenu valet ou compagnon, doit faire un « chef-d'œuvre » qu'il présente aux membres les plus anciens

À l'époque médiévale, les artisans du bois sont nombreux, beaucoup d'objets et de pièces de construction ou d'outils sont faits dans cette matière.

des artisans

Une corporation est une assemblée d'artisans qui fixe certaines règles du métier.

Le sceau du tailleur.

de la profession. Ceux-ci le jugent apte ou non à devenir maître à son tour. S'il n'a pas assez d'argent pour créer son propre atelier, il restera ouvrier.

Qu'est-ce qu'une corporation ?

Les artisans sont regroupés en corporation ou guilde. Celles-ci surveillent la formation des apprentis, fixent les horaires de travail, la qualité des produits et les conditions de fabrication. Elles peuvent distribuer des amendes. L'artisan, comme l'orfèvre ou le tailleur de pierre, impose sa marque, ou sceau, sur l'objet qu'il a fabriqué, ainsi reconnaît-on l'ouvrier qui a fourni le produit. C'est un moyen de contrôler la qualité du travail d'un artisan mais aussi la quantité de travail effectué. Un tailleur de pierre sera ainsi payé en fonction du nombre de pierres taillées et marquées de son signe.

Les ouvriers sont-ils heureux ?

Les révoltes peuvent éclater entre patrons et ouvriers car le travail est dur et les journées sont longues, particulièrement en été où l'on peut travailler 16 heures, voire 17 heures par jour ! L'hiver, c'est l'inverse, il y a peu de travail et les ouvriers sont mis à la rue. De plus, les corporations ne protègent pas tous les ouvriers.

Petits marchands, bou

Il existe différentes catégories de commerçants : les petits vendeurs ambulants, les boutiquiers et les grands marchands qui vendent des produits de luxe. Les principaux domaines de l'activité commerciale à l'époque sont le textile, l'alimentation, et les objets en bois et en fer.

Qui sont les vendeurs de rues ?

Il y a une foule de marchands ambulants : la laitière avec son pot de lait sur la tête, les marchands de gâteaux, les vendeurs d'herbes censées guérir tous les maux... On croise aussi des colporteurs qui vont frapper aux portes. Ce sont des ramoneurs, des raccommodeurs de vêtements, des marchands de chandelles, qui font étape de ville en ville.

Les boutiquiers

Les boutiquiers ouvrent leurs étals sur la rue, exposant dans la poussière pains, poissons, tissus ou objets décoratifs... Des règlements obligent ainsi les boutiquiers à présenter les produits à la clientèle qui peut ainsi vérifier leur qualité. Certains entreposent leurs marchandises directement sur la chaussée, ce qui provoque déjà au Moyen Âge de gros embouteillages. Les jours de foire, de fête ou lorsqu'un grand prince est dans la ville, les boutiques sont fermées.

Quelle est la vie d'un grand marchand ?

Les grands marchands se déplacent de région en région, et même de pays en pays. Témoins des progrès, ils vendent des produits de

Ceux qui n'ont pas de boutiques parcourent les rues en ventant leurs produits.

De grands ports du nord de l'Europe prennent leur essor au Moyen Âge. Les échanges avec les grandes villes marchandes de l'Italie se multiplient.

plus en plus variés comme l'huile d'olive, les épices, la soie... Pour traiter une affaire, ils n'hésitent pas à s'associer. Cette association durera le temps d'un voyage ou bien même quelques années. Profitant de l'essor du commerce, ils deviennent plus riches et plus puissants.

La naissance des grandes villes de commerce

Le développement économique favorise l'expansion des grandes villes de commerce. Elles se situent généralement au bord d'un fleuve important ou de la mer pour faciliter les échanges, tel le port de Bruges en Belgique, qui est très actif. Certaines cités encouragent la création d'industries spécialisées consacrées à l'exportation, c'est le cas de Gand, (Belgique), qui développe sa production textile (drap de laine).

Les grands ports de commerce du Sud...

Les villes du Sud comme Gênes ou Venise, en Italie, s'enrichissent en organisant les transports des croisés (voir p. 100) sur leurs bateaux vers la Terre sainte. Avec la multiplication des navires de guerre, les voies maritimes sont plus sûres. Les flottes marchandes parcourent alors la Méditerranée et rapportent des cargaisons de matières précieuses comme la cannelle, le poivre, les soieries...

... et ceux du Nord

Au nord de l'Europe, des ports se regroupent en fédération : c'est la ligue hanséatique. Au XIVe siècle, le regroupement compte une centaine de villes. Les marins de la Hanse débarrassent les mers du Nord de leurs pirates : en échange, ils peuvent transporter leurs marchandises sans payer de droits de douane aux autorités des ports qu'ils abordent.

Marchés et

Le temps d'un marché ou d'une foire, la ville plus que jamais bouillonne d'activité. Le peuple accourt : les uns viennent vendre, les autres acheter ou simplement profiter de la joyeuse animation.

Le jour du marché

Le marché se tient une ou deux fois par semaine selon la taille de la ville. Les échopes sont ouvertes mais des marchands de l'extérieur se retrouvent sur la place ou dans les halles. Chacun s'installe où il peut, parfois dans les rues voisines. C'est à qui criera le plus fort pour vanter sa marchandise.

Que peut-on acheter ?

Toutes sortes de produits : des œufs, des légumes, des oies, des poules, des moutons... Les paysans, qui comptent sur les excédents de leur production pour se faire un peu d'argent, viennent vendre de grosses miches de pain, des mottes de beurre frais, du porc fumé. On trouve aussi divers objets fabriqués sur place comme des chaussures, des ceintures, de la vaisselle, des couteaux. Et, pour les plus riches, sont proposés des articles de luxe, les tissus fins, le fil, les confitures...

grandes foires

L'évêque de la région peut bénir les commerces avant que la foire ne commence.

Les grandes foires

Avec le développement des échanges, de florissants circuits de commerce naissent à travers l'Europe. Les marchands flamands, spécialisés dans le textile et les draps, rencontrent les négociants italiens. Vers la moitié du XIIe siècle, ces grands voyageurs prennent l'habitude de traverser l'Europe. Les villes situées aux carrefours d'importants axes routiers et fluviaux deviennent le centre de foires renommées. Les marchands s'y retrouvent régulièrement.

Les foires de Champagne

Les comtes de Champagne, en France, favorisent la venue des marchands en protégeant les hommes et leurs trésors. Il y a six foires en Champagne qui constituent le centre du commerce européen aux XIIe et XIIIe siècles. Elles durent chacune plusieurs semaines et se succèdent tout au long de l'année. L'ouverture de la foire est l'occasion d'une joyeuse procession au son des trompes et de multiples instruments. Le seigneur ou la municipalité organise une fête en l'honneur des marchands et leur offre un festin pour les remercier de leur présence.

La caverne d'Ali Baba

Les foires n'ont rien à voir avec les marchés locaux du samedi. Ce sont des endroits magiques où s'amoncellent toutes sortes de marchandises impossibles à trouver sur place dans l'année : draps d'or ou de soie, épices, fourrures, pastels, parchemins, et des chevaux aussi...

Le temps d'une foire

Le temps de la foire les marchands installent leurs tentes à l'extérieur des remparts de la ville, d'autres louent des chambres chez les habitants de la cité et le matin tous se regroupent en fonction de leur spécialité.

La circulation

Les pièces de monnaie sont frappées dans des ateliers de façon encore assez simple. Les « rogneurs » récupèrent les surplus de métal précieux.

Il se fait alors prêter de l'argent et s'associe à d'autres marchands pour pouvoir financer son projet.

Les grandes foires favorisent les échanges de marchandises mais aussi les échanges de monnaie. Dès le IXe siècle, Charlemagne réforme le système monétaire : 1 livre égale 20 sous, 20 sous égalent 12 deniers et 1 denier égale une douzaine de pains.

Des sous d'or pour les marchands

L'argent n'est plus une marchandise mais une valeur. Les marchands comptent en pièces d'or, d'argent et en menue monnaie de cuivre.

Les pièces contiennent de moins en moins de métal précieux pur. Du côté des paysans, l'usage des pièces de monnaie n'est pas répandu en Europe : jusqu'au XIe-XIIe siècle, lors de leurs échanges quotidiens, ils préfèrent le troc.

Le besoin d'argent augmente

Les grands navires marchands coûtent cher ; un seul homme ne peut plus financer tout seul l'achat d'un bateau et les voyages en Europe nécessaires à son commerce.

Les simples petits marchand font leurs comptes, notant les dépenses et les recettes de leur commerce.

de l'argent

C'est dans les grandes cités, au XIIe siècle, qu'apparaissent les premières banques, rendues nécessaires par le commerce. Chacun peut désormais y déposer et y retirer son argent.

Qui est l'usurier ?
Les seigneurs qui manquent d'argent s'en font prêter par l'usurier, mais ils devront rembourser plus qu'ils n'ont emprunté : ce sont les intérêts. L'Église décrète que l'usure est un vol qui contredit l'Évangile de Jésus Christ. Pour l'Église, les riches doivent prêter leur argent afin d'aider les plus pauvres, et non pour s'enrichir. Les chrétiens n'ont donc pas le droit de prêter de l'argent avec des intérêts.

La lettre de change
C'est l'ancêtre du chèque de banque. Les monnaies sont différentes aux quatre coins de l'Europe. Pour les marchands de l'époque, il faut pouvoir vendre en Italie et se faire payer en Flandre. C'est ainsi que naît la lettre de change. Sur un papier, l'acheteur reconnaît sa dette envers le vendeur qui pourra convertir la somme due en argent local ou encore donner la lettre à une autre personne à qui il doit lui-même de l'argent. La lettre de change se généralise au XIIIe siècle.

La naissance de la banque
La lettre de change n'a de valeur que s'il existe des lieux où elle peut être transformée en monnaie. Les grandes villes actives voient donc apparaître les premiers établissements bancaires, où ces échanges peuvent se faire. Chacun peut y ouvrir un compte. Certains marchands, pour se faire pardonner leur amour de l'argent, ouvrent un compte pour « messir Dieu », espérant ainsi échapper à l'enfer grâce à des dons de bienfaisance.

Voyager sur les routes

À l'époque, les routes ne sont pas sûres et les bandits peuvent surgir au détour d'un bois.

Après le Ve siècle, les belles voies que les Romains avaient soigneusement pavées ont disparu. Traverser l'Europe à pied est alors une aventure longue et périlleuse. Quant à choisir de voyager par la mer, que l'on croit peuplée de monstres, c'est une expédition encore bien plus effroyable.

Qui croise-t-on sur les routes ?

Au Moyen Âge, la grande majorité des gens ne se déplace jamais. Pourtant, sur les routes, on croise des paysans, des marchands courant de foire en foire, des chevaliers, chevauchant par deux ou trois, pour aller s'affronter dans un nouveau tournoi. On rencontre aussi des pèlerins fatigués, des moines, des soldats. Et encore, des artisans partis rejoindre un chantier, des étudiants ralliant une université, des jongleurs et des ménestrels qui vont de château en château. Tout ce monde se retrouve le long des sentiers ou des chemins autour des villes, des lieux saints, sur des ponts, des gués ou des cols de montagnes.

Des chemins semés d'embûches

Le plus court chemin n'est pas toujours le plus droit ! On fait souvent un détour pour éviter le repaire d'un chevalier pillard qui rançonne le voyageur. Gare aussi aux bandits qui surgissent de la forêt ! Comme il faut toujours essayer d'échapper aux mauvaises rencontres et aux guets-apens, on préfère voyager en groupe. Les riches marchands

et les chemins

Les trajets sont longs. Une famille demande l'hospitalité avant que la nuit tombe et que la route ne devienne encore plus dangereuse.

Trois jours sont nécessaires pour aller de Paris à Troyes et un mois pour relier Bayonne (sud-ouest de la France) à Gand (Belgique).

Existe-t-il des péages ?

Oui. Si la route est longue, elle est aussi coûteuse. Pour traverser les domaines des seigneurs, passer les ponts, franchir les gués, et les seigneurs ont une escorte pour les défendre. Quand la nuit arrive, on se réfugie bien vite dans un château, ou un hospice tenu par des moines. Les voyageurs sont alors souvent regardés d'un mauvais œil et traités de maudits ou de vagabonds. Dans ce monde de voyageurs, les seuls vrais aventuriers sont ceux qui vont au-delà du monde chrétien, en Afrique ou en Asie.

Un kilomètre à pied...

Les voyageurs les plus chanceux circulent à dos d'âne, à cheval ou en carriole. Les autres vont à pied, munis d'un bâton qui leur sert de canne ou d'arme de fortune. Et ceux, comme les marchands, qui ont des biens à transporter chargent leurs coffres sur le dos des bêtes de somme ou dans des chariots, qui s'embourbent parfois sur les chemins.

Un si long voyage

Pour voyager, il faut avoir le temps, car la route est longue. Un voyageur pressé, tel un marchand, fera 25 à 50 km par jour, selon qu'il lui faut franchir un col ou supporter la pluie.

Ce type de trajet entre la France et la Belgique, qui demande aujourd'hui quelques heures par le train, prenait au Moyen Âge plusieurs semaines.

Pour franchir un pont, il faut généralement acquitter un péage au seigneur qui l'a fait construire.

monter sur les bacs ou entrer dans les villes, il faut encore et toujours payer des taxes.
Par exemple, pour parcourir les 200 km qui séparent Paris de Vierzon, il faut franchir cinq péages en 1448, et s'acquitter à chaque fois de taxes pour les personnes, mais aussi pour le chargement. C'est un représentant du seigneur, le prévôt, qui est chargé de prélever cet argent sur les voyageurs. En principe, ces fonds contribuent à l'entretien des routes, des ponts, des bacs, mais les seigneurs ou les moines qui les recueillent s'en servent souvent pour tout autre chose. Les routes sont donc pleines de trous et les ponts en mauvais état. Normalement, le seigneur qui perçoit le péage doit également assurer la sécurité du voyageur et de ses biens sur son territoire. Mais cette responsabilité ne s'applique que le jour. Le malheureux qui voyage la nuit le fait à ses risques et périls !

Un vrai pont d'or

Comme sa traversée est payante, un pont rapporte beaucoup d'argent au seigneur qui le fait construire. Le pont sert de poste de frontière, les fleuves et les rivières délimitant souvent les territoires qui appartiennent à divers seigneurs. Le pont est le passage obligé pour la circulation des marchandises entre deux régions ou entre les deux rives d'une ville. Les ponts ne sont pas nombreux. Et qu'il soit en pierre ou en bois, le pont est la fierté de la ville. Il reçoit souvent des aménagements défensifs. Qui tient le pont tient la ville, et même la région !

Au Moyen Âge, les voyageurs n'ont pas tous une monture et beaucoup vont à pied.

Voyager sur les rivières

En matière de transport, la rivière concurrence la route. Il y a une foule de gens qui travaillent grâce à la navigation fluviale : les marchands, les débardeurs et les portefaix, qui chargent et déchargent les marchandises, et aussi les tireurs qui aident le bateau à avancer.

Pourquoi la rivière plutôt que la route ?

La rivière est un moyen de transport pratique pour les marchandises comme pour les voyageurs. L'intérêt des bateaux est que l'on peut circuler sans s'arrêter et qu'ils peuvent contenir de nombreux fûts de bois remplis de marchandises sans que celles-ci soient secouées. On transporte des matières lourdes comme le grain, le charbon de bois, le sel et aussi de gros blocs de pierre qui serviront à la construction de châteaux ou de cathédrales. On roule à bord des tonneaux de vin, de poissons séchés ou d'huile, chargeant sur un seul bateau la cargaison de plusieurs chariots. Le bois, lui, est débité en bûches et jeté directement dans la rivière qui l'emporte avec le courant : c'est le flottage.

Est-ce plus rapide ?

Le rythme varie selon que le bateau descende ou remonte la rivière. Ainsi, il faudra seulement deux ou trois jours pour aller de Lyon à Beaucaire (sur le Rhône, en France),

soit 270 km, et trente à quarante jours pour faire le trajet inverse car il faut alors remonter le courant. Il faut aussi compter avec les périodes de sécheresse ou de gel qui immobilisent les bateaux et avec les crues qui rendent les rivières impraticables. Le travail s'arrête alors, c'est le moment de réparer et de repeindre les bateaux.

Faut-il payer des taxes pour naviguer ?

Si on paie pour passer sur un pont, on paie aussi pour passer dessous. Le droit perçu sur les marchandises permet par exemple de consolider les piles des ponts soumises aux courants des fleuves. Même si le pont a été détruit et que les décombres gênent la navigation, il est fréquent que le marinier continue à payer un droit de passage.

Qui sont les bateliers ?

Au début du Moyen Âge le marinier et le marchand ne font qu'un. C'est le même homme qui commande le bateau, dirige les bateliers et vend la marchandise quand le bateau s'arrête. Plus tard, avec l'essor du commmerce, chacun se spécialise : le marchand reste à terre et confie sa cargaison à une entreprise de transport. À bord, il peut y avoir un conducteur, responsable du convoi, un patron de barque qui commande, différents hommes de manœuvre et des charpentiers en cas d'avarie...

À quoi ressemblent les bateaux ?

Les bateaux ont des fonds plats pour ne pas s'échouer sur les bancs de sable. Ils ont aussi des voiles pour profiter du vent et remonter le courant. En descendant la rivière ou le fleuve, on se sert des avirons et on utilise la force du courant. On contrôle la profondeur des eaux à l'aide d'une longue perche qui permet de voir si le bateau peut circuler sans risque de s'échouer. Le moyen le plus fréquent pour remonter le courant est le halage. Il consiste à tirer un bateau de la rive avec un cordage fixé au mât. Les tireurs sont soit des hommes, soit des animaux. Il faut parfois 200 ou 300 hommes pour franchir un endroit difficile.

Voyager sur les mers

Prendre la mer est le moyen le plus rapide de voyager puisqu'un navire peut faire jusqu'à 300 km en 24 heures, si les vents sont favorables. Mais la mer est aussi dangereuse : il faut se méfier du vent, des vagues, des tempêtes et même des calmes plats désespérants. Il y a aussi les pirates avides de butins et tous ces dangers que l'on imagine sur l'océan et ses vastes étendues qui restent inconnues.

Des galères de combat

En mer Méditerranée, on trouve la galère héritée de l'Antiquité. Rapide et maniable, elle sert aussi bien à la surveillance des mers qu'à la bataille navale. Au cours des manœuvres ou des combats, on utilise les rames ; le reste du temps, on peut profiter du vent grâce à une voile triangulaire, dite voile latine. L'homme le plus important à bord, c'est le rameur. Sur une galère de guerre, il y a parfois plus de rameurs que de combattants. Le bateau nordique, lui, convient au transport de marchandises comme à l'offensive. Proche de la barge, il peut facilement s'échouer sur un rivage, remonter une rivière... À la voile triangulaire, les marins nordiques préfèrent la voile rectangulaire qui s'adapte à tous les vents.

Et les navires marchands ?

Jusqu'au XIIIe siècle, le navire marchand est peu adapté à la navigation en pleine mer. Il est lent et lourd. Pour le diriger, il y a une grosse rame installée à l'arrière et une voile. À la fin du XIIe siècle,

Les navires, grâce à l'invention du gouvernail d'étambot, se manœuvrent plus aisément. On fait donc de plus longs voyages sur de plus gros bateaux.

les navigateurs de l'Europe du Nord inventent le gouvernail d'étambot. Il permet de diriger plus facilement un navire et aussi d'en construire de plus gros capables de transporter des matériaux très lourds, jusqu'à mille tonneaux. Tout comme on expérimente de nouvelles formes de coques, on essaie de profiter au mieux de la voilure. Désormais, l'itinéraire du bateau ne doit plus dépendre de l'orientation du vent ; le navire peut garder son cap, que les vents soient bons ou mauvais.

Qui sont les marins ?

L'armateur est un véritable chef d'entreprise sans qui le navire n'existerait pas puisqu'il le fait construire et le finance entièrement ou en partie. Puis vient le capitaine qui est un professionnel de la mer doublé d'un aventurier. Responsable du bateau et des marchandises, c'est lui qui décide de la route à suivre et de la navigation à adopter. Il doit tout savoir de la mer, annoncer le gros temps en notant le halo autour de la lune, prévoir la proximité de la terre en observant les mouettes dans le ciel... Enfin vient le marin. En principe, c'est lui qui rame et manœuvre les voiles, mais il peut aussi être barbier, cuisinier ou charpentier.

Les marins craignent-ils la mer ?

Bien sûr, car pour eux mourir en mer, c'est mourir loin des terres chrétiennes. Comme leurs ancêtres de l'Antiquité, les marins veillent à profiter des bonnes grâces de Dieu ou des saints en leur offrant des petites maquettes de bateaux que l'on appelle des ex-voto. La mode est aux objets en cire ou, pour les plus riches, aux reproductions de navires en argent.

L'apparition de l'astrolabe en Europe, un instrument de navigation, est un progrès de plus pour les différents voyages entrepris à travers le continent.

À la conquête des océans

Les Vikings furent de grands explorateurs. Pirates ou colons, ils se rendent en Russie, à Constantinople (actuelle Istanbul), en Angleterre et même en Islande. En 980, certains s'installent au Groenland et gagnent l'Amérique du Nord vers l'an mille. Si au XIIIe siècle, les grands ports italiens dominent le commerce de luxe, leurs navigateurs sont moins hardis que les Chinois ou les musulmans.

En route vers l'Orient

Ce sont les croisades (voir p. 100) qui vont stimuler le transport par la mer. Les marchands italiens établissent des comptoirs en Méditerranée. Mais Marco Polo sera le premier grand voyageur occidental à s'aventurer vers l'Orient c'est le début d'une série d'explorations, la découverte de nouvelles routes maritimes, grâce à Vasco de Gama, et de nouveaux mondes avec Henri le Navigateur et Christophe Colomb.

Comment s'orienter ?

Il n'est pas facile de se diriger dans un espace mouvant dont on ne connaît pas les courants. La navigation se fait donc en observant le ciel et la disposition des astres. À la fin du XIIIe siècle, le perfectionnement de la boussole est un grand pas vers la conquête des océans. Son usage va permettre, à la fin du Moyen Âge, l'élaboration de cartes maritimes plus fiables et aussi de naviguer en hiver.

Qu'est-ce que le portulan ?

Le portulan (ci-dessous) est la carte des ports. Son but est de donner aux marins le dessin précis des côtes. Il semble être utilisé pour la première fois au XIIIe siècle.

Marco Polo

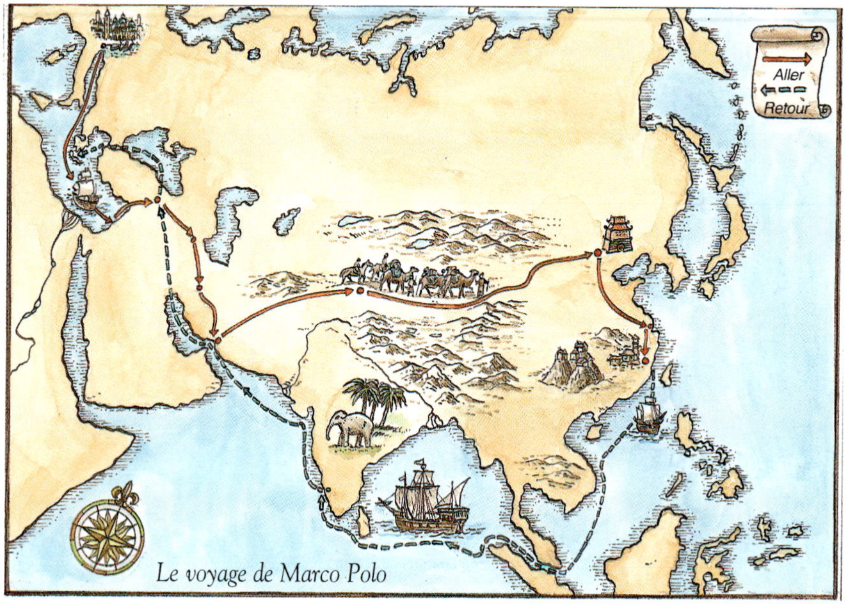

Le voyage de Marco Polo

Depuis longtemps, les Occidentaux sont attirés par les richesses de l'Asie. Pour s'y rendre, ils suivent la route de la soie qui traverse la Perse et l'Asie centrale. Au retour de Marco Polo, l'Occident découvre l'océan Indien où, dit-on, il existe des poissons gigantesques et des terres peuplées d'hommes à tête de chien !

Aventurier à 15 ans !

Marco Polo naît en 1254 dans une famille de grands marchands vénitiens. En 1271, accompagné de ses deux oncles, il part pour la Chine. Il n'a que 15 ans !

Un formidable périple

Partis de Palestine, Marco Polo et ses oncles rejoignent le port d'Ormuz, dans le golfe Persique. On parle de guerre en Extrême-Orient, les Polo changent d'itinéraire et marchent vers le nord, contournant l'Himalaya. Après 4 ans de voyage, ils atteignent Cambaluk, l'actuelle Pékin. Ils restent 18 ans à la cour de l'empereur Kubilay Khan, où Marco Polo reçoit un poste de haut fonctionnaire. Après ces nombreuses années, ils rentrent en Europe par mer et par terre.

Un célèbre voyageur

De retour en Italie, en 1295, Marco Polo est immensément riche. Il raconte son extraordinaire voyage dans son *Livre des merveilles du monde*, où se mêlent la réalité et l'imaginaire. Ce livre s'ajoute à d'autres récits fabuleux ; il le rendra célèbre pour des siècles.

Henri le Navigateur

Portrait d'Henri le Navigateur.

Henri le Navigateur (1394-1460) est le premier véritable explorateur moderne. Contrairement à ce qu'indique son nom, il n'a jamais beaucoup navigué. Troisième fils du roi Jean Ier de Portugal, il encourage de grands voyages à la découverte des côtes africaines.

Pourquoi l'Afrique ?

Henri le Navigateur rêve de ce continent inconnu qui fait face à son pays. Et en 1415, les troupes portugaises débarquent sur les côtes d'Afrique du Nord tenues par les Arabes. Mais cette expédition militaire ne suffit pas au prince Henri. Il veut en savoir plus sur les territoires du sud de l'Afrique, que l'on croit peuplés de sauvages. Il finance aussi des expéditions dans l'espoir de découvrir une nouvelle route commerciale vers l'Inde.

Il fait progresser la navigation

Henri le Navigateur veut faire avancer la connaissance de l'océan Atlantique où l'on pense qu'en certains endroits l'eau bouillonne ! Chaque expédition se double d'un véritable programme scientifique. Le prince Henri installe à Sagres (au sud du Portugal) un grand centre d'études maritimes, doté d'un observatoire, d'une vaste bibliothèque et d'une école de navigation.
De nouveaux instruments sont mis au point ainsi que des cartes maritimes et des méthodes de navigation.

La caravelle

C'est le navire adapté à de telles expéditions. Rapide et facile à manœuvrer, elle est capable de naviguer sans rameurs et de transporter beaucoup d'eau et de nourriture.

Quelques

Le moulin à eau

Le moulin à vent

Les inventeurs du Moyen Âge donnent libre cours à leur imagination pour améliorer les conditions de vie et de travail. Pour cela, il ne s'agit pas toujours d'inventer mais parfois aussi d'appliquer et de perfectionner des techniques découvertes très longtemps auparavant ou très loin d'Europe.

Le moulin à eau (XI-XIIe siècle)

Déjà connu au IIe siècle av. J.-C. dans l'est de l'Europe puis chez les Romains, les moulins sont actionnés par des esclaves ou des animaux.

Au Moyen Âge, on va profiter de la force de l'eau pour faire tourner le moulin. Construit sur le bord d'une rivière, d'un canal, sous l'arche ou en plein courant, c'est une véritable usine.

D'importants progrès sont faits dans les colliers d'attelage afin que les bêtes de trait travaillent plus efficacement.

Le moulin à vent (XIIe s.)

Après l'eau, c'est le vent que les hommes veulent dompter en utilisant sa force pour gonfler les voiles du moulin. Comme le vent souffle de tous les côtés, on installe les voiles sur un axe pivotant de manière à fonctionner dans tous les sens.

inventions

Le treuil à levier

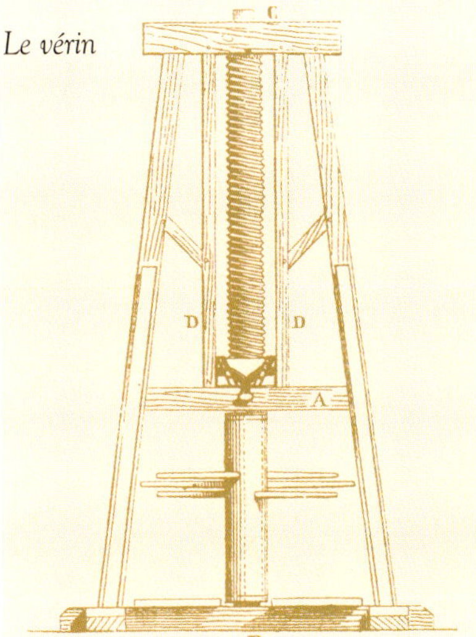

Le vérin

Les barrages (XIIe s.)
Les barrages sont constitués de milliers de troncs de chênes contre lesquels repose une série de palissades parallèles, l'espace laissé libre entre chaque palissade étant comblé de terre, de bois, de gravier et de pierres. Les barrages améliorent le rendement de certains moulins flottants.

Le fer à cheval (IXe s.)
Des fers sont cloués aux sabots des animaux pour les protéger en terrains humide ou rocailleux. Cette pratique, mise au point par des cavaliers nomades en Sibérie, est rapidement adoptée par les Européens.

La charrue à soc et à versoir (XIe s.)
La nouvelle charrue, qui remplace l'araire des Romains, se compose d'un fer tranchant qui pénètre bien le sol, d'un soc cassant les tiges et d'un versoir recourbé qui projette la terre sur le côté. En plus, l'engin, grâce à ses deux roues, est facile à déplacer.

Système d'attelage (vers l'an mille)
Désormais, le paysan n'attelle plus le bœuf au risque de l'étrangler, mais fixe le joug sur le front ou sur les cornes. Quant au cheval, un collier d'attelage repose sur son poitrail ou sur ses côtes pour éviter de lui couper le souffle.

L'attelage en file (vers 1180)
Alors que les Romains attelaient les animaux les uns à côté des autres, les paysans du Moyen Âge, les attellent à la file indienne. La force de chacune des bêtes vient s'additionner à celle qui est attelée devant elle.

Le treuil à levier (XIVe s.)
Cet engin utilise un procédé déjà employé par les Grecs et les Romains. Constitué de treuils et de leviers, il fonctionne grâce aux acrobaties effectuées par des hommes qui montent sur une échelle et grimpent sur une grande poutre pour y peser de tout leur poids. Et si cela ne

Alors qu'elle tourne la gande roue, la fileuse étire une mèche de laine, de chanvre ou de lin. Le fil tendu s'enroule autour du fuseau entraîné par le mouvement de la roue.

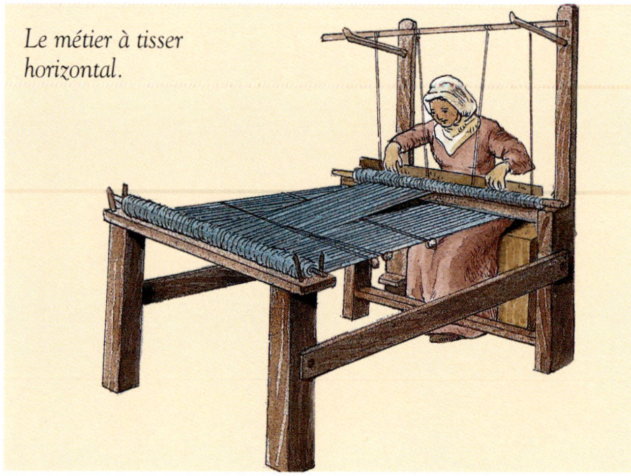
Le métier à tisser horizontal.

suffit pas à soulever la lourde charge, ils tirent avec leurs bras sur les barreaux de l'échelle.

Le vérin
Le vérin sert à soulever des matériaux très lourds sur une faible hauteur. Il est composé de pièces de bois horizontales, d'une vis et d'un gros écrou qui monte et qui descend le long des rainures de la vis.

L'arbre à cames (Xe s.)
Il s'agit d'un mécanisme reproduisant de façon mécanique l'action du forgeron. L'arbre à cames soulève et laisse retomber le marteau-pilon et ainsi de suite. L'utilisation de la came va permettre de mécaniser toutes sortes d'opérations exécutées à la main.

Le rouet (vers 1280)
Il révolutionne la fabrication du fil de lin, de laine ou de chanvre, même si au début la fileuse doit rester debout parce qu'il n'y a pas de pédale.

Le métier à tisser horizontal (XIIe-XIIIe s.)
Auparavant vertical, le métier à tisser se modernise au XIIe siècle et devient horizontal, permettant à la tissseuse d'aller plus vite tout en étant assise. Au XIIIe siècle, deux ouvriers pourront travailler sur un même métier.

La brouette (XIIIe s.)
Elle fait probablement son apparition sur les chantiers du XIIIe siècle, mais il faut attendre le XIVe siècle pour qu'elle soit employée couramment.

La cheminée (IXe s.)
Les premières cheminées se composent d'une niche creusée dans le mur et bordée de deux montants. L'ensemble est couvert d'un manteau en bois ou en pierre et d'une hotte par laquelle s'échappe la fumée.

Le trébuchet (XIIe s.)
Le trébuchet est une arme de jet. La poche du projectile ressemble à une fronde attachée à un long bras. Le contre-poids extrêmement lourd, est une grande boîte remplie de terre (voir p. 85).

L'arbalète (Xe-XIIe s.)
C'est un terrible engin qui permet d'ajuster son tir en tous sens et de tirer à une

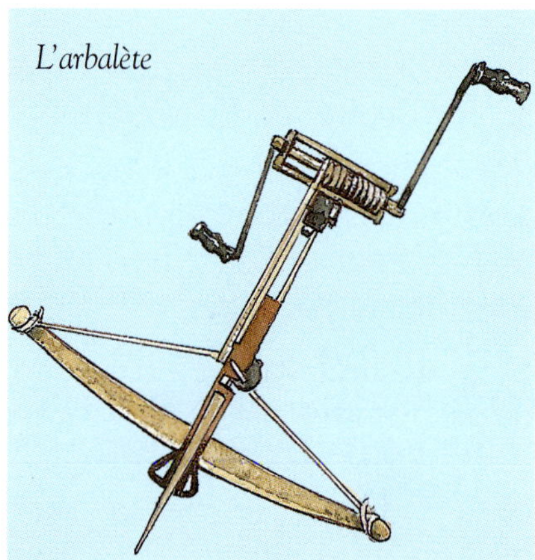
L'arbalète

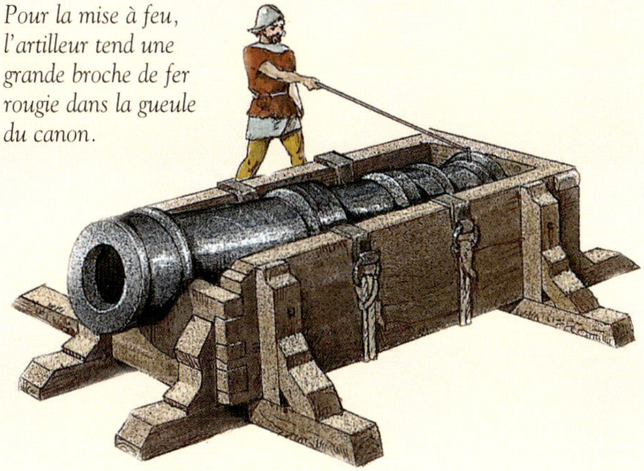

Pour la mise à feu, l'artilleur tend une grande broche de fer rougie dans la gueule du canon.

Le gouvernail d'étambot facilite la navigation.

distance d'environ 50 mètres ! Malheureusement, c'est une arme très lourde.

Les bouches à feu

L'utilisation de la poudre à canon révolutionne l'armement. La puissance des gaz que dégage la poudre permet de projeter au loin des boulets de pierre ou des paquets de cailloux.

Le gouvernail d'étambot (vers 1250)

Au lieu de la grosse rame placée à l'arrière du navire, on va installer sous l'eau une large planche orientable fixée sur la partie arrière immergée du bateau et reliée à une barre située sur le pont.

La boussole (XIIIe s.)

D'origine chinoise, cette petite boîte est constituée d'un cadran au centre duquel est fixée une aiguille aimantée qui pivote pour indiquer le Nord. L'instrument, ramené par les Arabes, est utilisé en Méditerranée dès le XIIe siècle et rapidement perfectionné.

L'astrolabe (Xe s.)

Cet instrument révolutionnaire, inventé par les Arabes, apparaît en Europe au Xe siècle. Il figure une véritable carte du ciel indiquant les principales étoiles fixes. Il permet d'obtenir l'heure du lever et du coucher du Soleil et la position des étoiles à une date précise.

L'horloge mécanique (fin XIIIe s.)

En Occident, on utilise jusqu'au Moyen Âge l'horloge à eau, qui, par grand froid, gèle et s'arrête. Les savants imaginent alors des systèmes mécaniques complexes sur lesquels on peut lire l'heure, la date et la fête des saints. Désormais, la journée est répartie en 24 heures égales les unes aux autres.

astrolabe

boussole

Lunettes pour presbyte (vers 1286)

C'est le savant Robert Grossetête qui invente les premières lunettes pour presbytes. En étudiant les lentilles optiques, il comprend comment agrandir les petits objets et rapprocher les plus éloignés.

La vie à la

Au début du Moyen Âge, les villages sont rares et les habitations souvent isolées. Puis, au fur et à mesure que l'on défriche les forêts, naissent des villages qui se développent autour des églises et des châteaux.

À quoi ressemble un village ?

Souvent, le village grandit sans plan précis. Certaines maisons sont isolées, d'autres se regroupent en désordre autour de l'église. À l'occasion de grands défrichements, la construction des villages peut être prévue à l'avance suivant des plans réguliers. Vus de haut, certains villages s'organisent tout en long, de chaque côté d'une rue principale, ou en rond autour d'une place.

Les principaux lieux du village

En s'installant au village, les hommes apprennent à vivre en communauté. L'activité se concentre en plusieurs lieux : l'église et son cimetière, le château où se réfugient les hommes en cas de guerre ou de brigandage, le moulin et le four, où l'on fait la queue pour moudre son grain ou cuire son pain.

Autour du village

En sortant du village, on traverse d'abord les potagers où poussent les légumes indispensables à l'alimentation. Puis viennent les champs, les vignes et les vergers. Enfin, il y a les prés et les landes où broutent les animaux. Plus loin, c'est la forêt, indispensable à la survie du paysan. Il y récolte les baies, le miel, les châtaignes ou les glands, il y emmène manger les

Voici une maison paysanne du Moyen Âge. Grâce à ce dessin en coupe, on peut voir les différentes parties du logement. À la saison froide, les animaux ne sont jamais loin pour que les hommes profitent de la chaleur qu'ils dégagent.

chèvres et les cochons et parfois aussi il y attrape un lapin ou un oiseau pour améliorer son repas.

Et les maisons ?

Les maisons des paysans ressemblent à des cubes ou sont en longueur. Les murs sont construits en pisé, un mélange d'argile, de cailloux et de paille moulé à l'aide de planches, ou encore en torchis avec de la terre et de la paille. Ils peuvent aussi être en bois ou plus rarement en pierre, tout dépend des matériaux présents dans la région. Les toits sont en chaume ou en bottes de genêts, mais à cause des risques d'incendie ils seront remplacés par de l'ardoise ou de la tuile.

Y a-t-il beaucoup de pièces ?

Il n'y a guère plus de deux pièces, l'une servant de chambre, l'autre de grenier ou de cellier. Tout à côté de la pièce principale se trouve souvent l'étable ou l'écurie afin que les hommes bénéficient de la chaleur animale. En guise de cheminée, il y a un foyer dont la fumée s'échappe par un trou dans le toit. Qu'il pleuve ou qu'il neige, il faut aller chercher l'eau au puits. Le sol est laissé en terre battue.

Un lit, une table

Les paysans ont peu de meubles. On dort à plusieurs dans des lits larges, sur un matelas de paille et sous une couverture de peau ou de laine. Les tables sont des tréteaux que l'on démonte après le repas. On s'assoit sur des bancs et la huche permet parfois de mettre sous clef quelques biens comme le sel, les aliments et les vêtements.

Avec les paysans

Le paysan est le travailleur par excellence. Il n'a pas beaucoup de temps à réserver aux loisirs ni d'argent à consacrer à ses vêtements. Son principal souci est de s'occuper de la terre pour qu'elle lui fournisse de quoi nourrir sa famille.

Les vêtements

Le paysan ne se soucie pas de la mode, c'est pourquoi on le surnomme le vilain. Avant d'être beau, le vêtement doit être pratique et chaud. Tout au long de l'année, les hommes et les femmes portent les mêmes habits. Quand arrive l'hiver, ils les superposent. Les vêtements sont amples et longs pour se protéger du froid. L'homme porte une chemise sur laquelle il enfile une grosse cotte de toile qui ressemble à une blouse. Sa tête est couverte d'un capuchon et ses pieds protégés par des chausses. La femme porte une cotte et une robe par-dessus, dont elle relève les pans pour marcher et travailler. Sur les habits en toile, chacun passe un dernier vêtement en peau de mouton, de blaireau ou de renard, la fourrure tournée vers l'intérieur pour mieux profiter de sa chaleur.

Comment se nourrir tous les jours ?

Manger est un souci quotidien. Les céréales sont la base de l'alimentation. Avec la farine on fait des bouillies, des galettes ou du pain. À midi, le paysan mange un repas froid. Le soir, il déguste un potage mijoté avec du lard. La soupe est faite à base de pois, de navets, de choux, mais pas de pommes de terre car on ne la connaît pas encore ! Les fruits de la forêt, prunelles, nèfles, baies sauvages, complètent le repas.

du Moyen Âge

Ce dessin montre à la fois l'intérieur et l'extérieur d'un foyer. Dehors, il fait froid, les bêtes sont rentrées et le bois qui a été stocké est utilisé pour se chauffer.

On mange aussi des fruits du verger. Pour améliorer l'ordinaire il y a les œufs, du poisson séché et du petit gibier attrapé dans la forêt. Quant à la viande, elle est plutôt rare. Une famille de 5 ou 6 personnes se contente d'un porc par an et de quelques volailles. Pour compenser, on consomme des laitages.

Et la boisson ?

L'eau est la principale boisson. On la fait bouillir pour la conserver plus longtemps et on y ajoute parfois du vin ou du miel pour en améliorer le goût. Les boissons alcoolisées comme la bière et le vin sont aussi répandues.

Au rythme des saisons

Le paysan vit au rythme des saisons. Il travaille du lever au coucher du soleil. Il passe de longues heures aux champs au printemps et en été. L'hiver, les journées sont moins chargées et plus courtes. Au printemps, il faut bêcher, semer et tailler la vigne. En juin, c'est la période des fenaisons, il est temps de rentrer le fourrage pour l'hiver. On laboure aussi les terres en jachère pour préparer les semailles d'automne. En juillet, on coupe le blé. En août, on le bat pour séparer le grain de la paille. Puis viennent les vendanges d'octobre et ensuite les derniers labours avant de semer le blé de l'année d'après. En décembre, c'est le moment de saigner le cochon. L'hiver est une saison calme.

Chacun participe aux travaux agricoles, même les enfants qui aident à de nombreuses tâches, comme le foulage du raisin.

Les paysans face

Si tous les paysans travaillent la terre, ils n'ont pas tous les mêmes conditions de vie. Selon qu'ils sont propriétaires de leurs terres ou simples locataires, ils seront plus ou moins riches et plus ou moins attachés au seigneur.

Les différentes catégories de paysans

Au début du Moyen Âge, la plupart des paysans sont dédiés au seigneur, ce sont **les serfs**. À partir du XIIe siècle, le nombre de serfs diminue. Les seigneurs, en quête d'argent, vendent leur liberté à ceux qui peuvent l'acheter. Mais les plus pauvres passent leur vie à travailler pour le seigneur. Les **tenanciers** sont les moins chanceux : ils louent des terres au seigneur en échange de redevances en nature et de corvées diverses. Ils exploitent ces terres du mieux qu'ils peuvent avec leurs outils rudimentaires.
Les tenanciers ne sont pas considérés comme des esclaves, mais ils n'ont pas le droit de se marier sans le consentement de leur maître, ni de quitter sa terre sans son accord.
Les **alleutiers** sont les mieux lotis puisqu'ils sont propriétaires de leur propre lopin de terre, mais ils doivent des taxes et des péages au seigneur également quand ils utilisent le moulin et le four mis à disposition.
Les **laboureurs** sont une minorité de paysans plus libres qui possèdent souvent leur propre charrue et un animal de trait. À l'époque, la richesse d'un paysan se calcule au nombre

Certains impôts se paient en grains et en volailles qu'il faut apporter au seigneur.

aux seigneurs

d'outils qu'il détient. Les **saisonniers** sont les plus démunis : ils louent leur travail à la saison.

Les droits et devoirs de chacun

Malgré l'évolution de leur condition au cours du Moyen Âge, les vilains restent corvéables à merci, c'est-à-dire qu'ils doivent une quantité de droits, de redevances et de services aux seigneurs qui s'étendent à tous les travaux touchant au domaine. Il s'agit de mettre en valeur le potager du château, fournir le fourrage pour l'écurie, curer les fosses du château, participer aux réparations et au nettoyage des bâtiments. Le droit de banalité contraint le paysan à moudre son grain au moulin du seigneur, à cuire le pain dans son four, à presser le raisin à son pressoir. L'oste et la chevauchée obligent aussi les paysans à rallier la bannière du roi ou celle du seigneur en cas de guerre. Les droits des seigneurs et les devoirs des paysans sont rassemblés par écrit dans des registres appelés les coutumes. Le montant des différents impôts y est précisé.

Les différents impôts sont perçus en argent ou en parts de récoltes. Les vilains les versent aux intendants de leur seigneur et ne gardent pour leur propre famille qu'une faible partie du fruit de leur travail.

Les impôts

Le **cens** est un impôt en échange duquel la terre est censée appartenir au paysan. Le cens est payable en grains, en volailles et en services divers. La **taille**, versée en argent, doit son nom à une petite bûche que l'on entaille à chaque paiement. Le **champart** est la part sur la récolte qui revient au seigneur. La **dîme** est un impôt équivalent versé à l'Église. La **gabelle** est l'impôt sur le sel.

Les paysans se révoltent

Il arrive que les paysans en aient assez de leur condition et qu'ils se rendent au château faire entendre leur colère au maître du domaine. Ces révoltes sont aussi appelées « jacqueries ».

Parfois, les paysans, écrasés par les impôts, s'unissent contre les nobles pour que diminuent les tailles, trop lourdes, et les multiples corvées.

Que sont les « jacqueries » ?

C'est ainsi que l'on appelle les révoltes paysannes qui éclatent au XIVe siècle. « Jacquerie » provient du sobriquet de « Jacques » que donnaient les nobles aux paysans. Ce ne sont pas les plus pauvres des paysans qui organisent ces soulèvements mais les plus riches, qui ont peur de perdre leurs avantages.

Pourquoi les paysans ont-ils peur des progrès ?

Il est difficile d'exploiter la terre sans outils adéquats, aussi les progrès de la métallurgie vont-ils faciliter le travail et augmenter les rendements. Le paysan s'équipe de pelles, de haches, des bêches munies de pièces de métal. Mais la machine appartient toujours au seigneur, et le paysan doit payer pour s'en servir, comme il paie déjà pour utiliser le moulin ou le pressoir. La production, plus importante, profite surtout au seigneur.

La force des paysans

À partir du XIIe siècle, le paysan peut faire entendre ses revendications, et au XIIIe siècle, il commence à percevoir un petit salaire. Les fondateurs de nouveaux villages proposent aux futurs habitants des impôts considérablement allégés. S'il veut garder son tenancier, le seigneur doit donc se montrer moins exigeant, sinon le paysan ira s'établir ailleurs.
Au XIVe siècle, la guerre de Cent Ans et la peste laissent l'Europe anéantie et sa population décimée. La main-d'œuvre manque. Le paysan fait jouer la concurrence.

La vie de famille

À la sortie de l'hiver, des fêtes paysannes célèbrent le retour du printemps, mais les événements familiaux comme le baptême, les fiançailles et le mariage donnent aussi lieu à de grandes réjouissances.

La vie est rude dans les villages de campagne, les liens sont donc importants : famille et voisins se soutiennent, s'entraident et s'amusent.

Le rôle des femmes

À la campagne, la femme travaille autant que l'homme : elle travaille aux champs et entretient le potager. Elle s'occupe aussi du petit bétail, du filage de la laine, du tissage et de la fabrication des vêtements. Bien entendu, elle est aussi chargée de l'éducation de ses enfants les plus jeunes.

Comment vivent les enfants de la campagne ?

La journée est longue pour un enfant de paysans. Il se lève tôt pour aider ses parents. Dès 7 ou 8 ans, il garde les bêtes, d'abord les moutons et les volailles, plus tard les cochons et les vaches. Parfois, il est envoyé en apprentissage dans un autre village. L'école est inexistante en campagne et l'enseignement est réservé à une minorité. Les filles restent à la maison, elles soulagent leur mère de certains travaux : elles rapportent l'eau, épluchent les légumes, nourrissent les poules, apprennent à filer la laine. Pour leurs jeunes frères et sœurs, elles représentent une seconde maman.

Jours de fête

Les paysans profitent des fêtes religieuses pour se divertir. Ce sont les seuls jours où ils ne travaillent pas. C'est l'occasion pour eux de chanter, danser, rire, jouer aux cartes, admirer les combats de coqs, tirer à l'arc ou encore jouer à la balle. Lors des festins, on tue le porc et les chevreaux.

Cet enfant aide à la cueillette des olives.

À quoi ressem

Les villes médiévales sont généralement ceintes par des remparts qui permettent de contrôler la circulation des personnes et des marchandises à l'entrée de la cité.

Avec les invasions, les villes ont beaucoup souffert. Les grands édifices romains ont été transformés en châteaux forts pour certains, en carrières de pierre pour d'autres. À partir du XIe siècle, la ville renaît. Grâce à une meilleure alimentation, la population de l'Occident augmente. Les paysans partent en ville chercher la liberté tandis que les commerçants et les artisans s'y retrouvent pour vendre leurs marchandises.

Quelle taille ont-elles ?

Souvent, la différence entre une ville et un village n'est pas grande, elle tient parfois seulement à un rempart. Les villes dépassent rarement 2 000 habitants. Plus elles sont grandes, plus leurs plans se compliquent. En général, les cités les plus grandes comme Bruges, Gand, Toulouse ou Londres comptent entre 20 000 et 40 000 habitants mais Paris dépasse certainement les 80 000 âmes au XIIe siècle.

Le développement des villes

La ville grandit souvent autour d'un château. Au début, les maisons s'élèvent à l'intérieur de l'enceinte du château, mais, les constructions devenant de plus en plus nombreuses, les maisons se regroupent à l'extérieur

blent les villes ?

Sur les places des villes et des villages est aussi rendue la justice. On n'hésite pas à exposer celui qui a volé ou commis un crime. Il arrive ainsi que les citadins l'insultent ou même lui jettent des pierres.

des murailles, constituant la ville proprement dite. À son tour, cette ville s'entoure de remparts cernés de douves. Aux abords et à l'intérieur de la ville se trouvent des jardins maraîchers, des vignes. Les léproseries et maladreries, qui abritent les malades, sont tenues à l'écart. Les cimetières, eux, entourent les églises.

À cette époque, le cimetière n'est pas seulement un endroit particulièrement silencieux, on vient souvent y discuter.

Les différents quartiers

Les bourgeois, souvent artisans ou commerçants, sont à l'origine ceux qui habitaient à l'intérieur de la ville, le bourg. La cité possède plusieurs centres.

Le centre administratif est le quartier où sont réglées les affaires de la cité, avec l'hôtel de ville, la salle du tribunal et la maison du bailli, délégué par le roi pour régler les affaires judiciaires et administratives. Le centre religieux est l'endroit où se trouvent la cathédrale, son cloître et le palais épiscopal où vit l'évêque.
La cathédrale est la fierté de la grande ville, mais les plus petites cités se contentent d'une église. Enfin vient le quartier commercial avec la place publique et les halles destinées au marché et aux foires. C'est aussi sur la place du marché que l'on rend justice. Les citadins se retrouvent autour du pilori, lieu où est exposé le condamné, près de l'échafaud (où l'on coupe les têtes) ou près du gibet pour les pendaisons. Ces condamnation publiques sont censées servir de leçon à la population.

Coupe montrant la structure des maisons dans une rue médiévale.

Les maisons des villes

Les maisons sont généralement hautes et comptent parfois jusqu'à 5 ou 6 étages. La plupart des artisans habitent avec leur famille au-dessus de l'atelier ou de la boutique. Au fil du temps, les fenêtres deviennent plus nombreuses. Ces maisons sont le plus souvent construites à partir de carcasses de bois appelées colombages. Les interstices entre les poutres sont comblés de torchis (mélange de terre et de branches hachées) et entre chaque étage est posé un plancher. La pierre reste un matériau rare et cher réservé aux riches bourgeois ; son usage se répand pourtant grâce au perfectionnement des outils du tailleur de pierre.

Au feu !

Les rues sont étroites et les maisons très serrées sont souvent construites en encorbellement, c'est-à-dire que les étages surplombent la rue (comme ci-contre), permettant ainsi de faire des pièces plus grandes. Dans ce fouillis d'habitations collées les unes aux autres, le feu se propage très vite, favorisé par la présence du bois. Les incendies ne sont pas rares. À Londres, l'unique pont qui traverse le fleuve, la Tamise, est encombré de boutiques et de maisons. En 1212, le feu y fait 3 000 morts. Par la suite, pour parer aux incendies, les toits de chaume ou de bois sont remplacés par de toits de tuiles.

Maison de ville en pierre tenue par de riches marchands qui contrôlaient les prix et la qualité des marchandises.

Des rues animées

Boutiquiers, artisans, jongleurs… dans la journée, les rues sont toujours animées.

Avec ces maisons à colombages hautes et serrées, les rues des villes du Moyen Âge sont tortueuses et sombres. Mais elles débordent d'activité.

Quelle est l'ambiance ?

De la rue monte un terrible vacarme. Tous les bruits s'y mêlent : les crécelles des marchands ambulants, les sabots des chevaux qui trépignent, les pleurs des enfants, le choc des outils des artisans… Été comme hiver, les porteurs d'eau se croisent : ils livrent à leurs clients l'eau du puits, car il n'y a pas l'eau courante. Les boutiques sont ouvertes sur la rue ainsi que les ateliers des artisans. Tous ont des enseignes pour signaler leur magasin, en forme de clefs pour le serrurier, de ciseaux pour le tailleur…

À chaque rue sa spécialité

Les artisans et les commerçants sont répartis par rue et par quartier. Les lieux d'installation sont souvent choisis pour des raisons pratiques : les tanneurs sont près de la rivière car ils ont besoin de beaucoup d'eau, les boulangers sont à côté de la halle au grain pour se procurer les céréales plus facilement, les peaussiers s'établissent près des abattoirs pour s'approvisionner en peaux, les vendeurs de chandelles se placent près des églises où circulent les pèlerins… Aujourd'hui encore, on trouve dans nos villes la rue des cordonniers, des tailleurs, des tanneurs…

Des inconvénients et

Au Moyen Âge, la circulation dans les villes n'est déjà pas toujours facile, surtout les jours de foire.

La ville grouille de vie. On se réunit partout, dans la rue, au cimetière, dans les cathédrales. Mais, peu salubre et très peuplée, la ville est aussi malheureusement un foyer d'épidémies.

Existe-t-il des embouteillages ?

Les encombrements ne datent pas d'aujourd'hui, les rues étroites sont vite encombrées par les étals des commerçants, les troupeaux de moutons, les vendeurs ambulants et les chariots n'arrivent plus à se frayer un chemin. On raconte qu'au temps de Saint Louis, un paysan venu à Paris patienta une journée entière avant de pouvoir traverser l'un des ponts de la ville tant il y avait de circulation !

Les rues sont-elles propres ?

La rue est en terre battue avec un caniveau creusé au milieu, où coulent les eaux usées. Quand il pleut, les hommes et les bêtes pataugent dans la boue. Les poules, les cochons et les chiens nettoient les détritus laissés un peu partout. Gare aux têtes ! Les eaux de vaisselle et de toilette sont souvent déversées directement sur la chaussée. Les rivières et cours d'eau sont aussi pollués par les déchets des citadins.

des dangers

La ville la nuit
D'un coup de lame, les voleurs peuvent trancher le gousset d'une bourse et détrousser le bourgeois. Il n'est pas question de se promener après que la cloche a sonné le couvre-feu. Les rues qui ne sont pas éclairées se transforment alors en coupe-gorge. La ville se barricade, le pont-levis se lève et les sentinelles font le guet sur le chemin de ronde. Le silence règne. Personne ne doit ni entrer, ni sortir de l'enceinte.

Des mesures d'hygiène
Les maladies sont favorisées par la saleté des villes, où pullulent puces et rats. Il est parfois entrepris de nettoyer complètement une rue, ce qui peut prendre plusieurs semaines.
Dans certaines villes, des mesures sont prises pour mettre en place des systèmes d'évacuation des eaux usées. On fait attention à la disposition des gouttières et des gargouilles (conduits sculptés qui déversent les eaux de pluie), les rigoles qui serpentent le long des rues sont couvertes de dalles, quelques cités créent même un service de ramassage d'ordures !

Les mendiants
Au coin des rues, sous les porches, à l'entrée des églises, se trouvent des mendiants. Ce sont les malheurs de la guerre, les mauvaises récoltes qui conduisent certains à quêter pour un temps. D'autres sont presque des professionnels de la mendicité. Ils ont leurs places attitrées et se partagent leurs quêtes en fin de journée. Quelques-uns sont même de faux aveugles, ou de faux blessés qui marchent avec des béquilles.

Quand la ville

Les rues sont très actives, parfois inquiétantes et violentes, mais ce sont aussi des lieux de fêtes, de joie et de jeu où les citadins se défoulent après de longues heures de travail.

Les spectacles de rue

Quand les farces entre voisins, les commérages du jour et les potins de quartier ne suffisent plus, on regarde les professionnels du spectacle. Il y a le charlatan qui attire la foule pour vendre n'importe quoi, les diseurs de bonne aventure, les montreurs d'ours ou de singe et les musiciens et chanteurs ambulants. Le jongleur, lui, est un véritable artiste à la fois musicien, conteur, mime et poète, il captive la foule en racontant les exploits des chevaliers.

Qu'est-ce qu'un charivari ?

Tout est bon pour rire et plaisanter. Il suffit qu'une femme épouse un homme d'une autre ville ou qu'une veuve se remarie pour que les gens se retrouvent sous leurs fenêtres. Là, ils chantent et crient en s'accompagnant de casseroles, de chaudrons, de clochettes. La joyeuse fanfare cesse son charivari en échange d'un peu d'argent.

Les charivaris sont souvent organisés par les jeunes gens de la ville pour se moquer leurs voisins.

se réjouit !

La taverne

Après douze à seize heures de travail, quand les chantiers et les ateliers ferment, valets et fils de maîtres sortent par petits groupes et se retrouvent à la taverne. Les tavernes sont très nombreuses et le métier d'aubergiste rapporte beaucoup d'argent. Le soir, après le travail, le dimanche, les jours fériés. on consomme beaucoup de vin pour oublier combien la vie est difficile.

Après le travail, le jeu

Les jeux ne sont pas bien différents de ceux d'aujourd'hui. Les adultes font d'interminables parties de boules, de palets, de quilles. Le jeu de paume, qui ressemble à la fois au tennis et à la pelote, peut se pratiquer dans la rue ou dans une salle. La soule se joue à la main comme le rugby, au pied comme le foot, ou encore avec une crosse comme le hockey.

Vive la fête !

Pour les fêtes, tous les habitants de la ville se retrouvent. Il y a des fêtes religieuses comme Pâques ou Noël, mais aussi le carnaval, qui marque le début du carême. D'autres fêtes célèbrent une victoire, le retour de la paix, un mariage princier ou une naissance. À chaque fois, la ville se métamorphose. On pose des barrières, des estrades, des bannières multicolores. On distribue parfois des fruits, des friandises, des gâteaux. À chaque fois défilent des cortèges, des processions. On danse, on rit...

Dans le jeu de la soule, le ballon est en cuir dur rempli de sable, de son ou de filasse. Comme il n'existe pas de règles précises, les parties se transforment parfois en règlement de comptes. Il y a même des blessés si graves qu'on est amené à interdire le jeu.

Les citadins

Tout comme les campagnes, les villes connaissent des révoltes ; les bourgeois s'élèvent parfois contre le pouvoir royal.

Au IIIe siècle, les villes grossissent. De nombreux paysans viennent s'y installer. Ceux qui ne peuvent trouver à se loger à l'intérieur des murailles s'établissent à l'extérieur, dans les « faubourgs ».

Qui sont les citadins ?

Ce sont des commerçants ou des artisans qui travaillent à l'intérieur de la cité. On rencontre aussi des clercs : des hommes d'Église. Pour leurs activités, ils versent des droits et des redevances au seigneur dont dépend leur ville.

Le mouvement communal

La ville et ses habitants forment un monde séparé du reste de la société. Les citadins ressentent la nécessité d'appartenir à une communauté. Pour consolider cet esprit de groupe, tous les bourgeois d'une même ville prêtent un serment commun. Ce serment fait de tous les bourgeois des individus égaux, ce qui change du système féodal où les plus puissants dominent les plus faibles. Mais entre les habitants des villes une nouvelle hiérarchie se crée : il y a d'un côté les riches bourgeois et de l'autre les petits ouvriers, entièrement dépendants des premiers.

Les communes

Pour qu'une commune soit reconnue, elle doit obtenir son indépendance du seigneur qui la gouverne. Si celui-ci refuse de la lui accorder contre une redevance en argent, les citadins gagnent leur autonomie par la force.

Qu'est-ce que le conseil ?

C'est une assemblée qui gère la ville. Ses membres sont élus ou désignés par des tirages au sort. Il y a un ou plusieurs chefs nommés maires ou bourgmestres. Le conseil a beaucoup de pouvoir. Il dirige par exemple la police. À une époque où les incendies sont nombreux, il organise la surveillance du ramonage des cheminées, surveille l'hygiène...

Les enfants à la ville

Pour les grands comme pour les petits, vivre en ville n'est pas facile. La nourriture est chère, les loyers sont élevés et le travail manque parfois. Pour se rassurer, les parents veulent très vite apprendre un métier à leurs enfants.

La mère au travail

Quand la famille n'est pas riche, la mère a un travail d'appoint à la maison, comme la préparation du fil à la main. Si elle travaille à l'extérieur, elle engage une nourrice pour s'occuper de son petit dernier, le nourrir et surveiller ses jeux. Quand elle part en promenade, la mère porte son bébé sur son dos, dans une sorte de berceau. Quand les parents ont déjà plusieurs enfants et qu'ils ne sont pas assez riches pour élever le dernier-né, ils l'abandonnent parfois dès sa naissance. Les plus chanceux de ces orphelins sont recueillis par des religieux.

Les jeux des enfants

Dans la rue, les plus jeunes jouent à la toupie, à la balle, à la marelle, aux billes ou aux osselets. Les enfants d'artisans s'amusent dans l'atelier de leur père. Tout est bon pour jouer : le fils du boucher gonfle une vessie de porc pour en faire un ballon et la fille du potier joue avec une petite dînette en céramique.

Apprendre un métier

Bien vite, il faut travailler. Avec beaucoup de chance, l'enfant aura appris les rudiments de la lecture et du calcul avant d'entrer en apprentissage. Dès dix ou douze ans, les filles peuvent s'initier au métier de couturière, de servante ou de lingère. Les garçons sont apprentis cuisiniers, cordonniers ou menuisiers.

Bébé est transporté dans un berceau de bois ou d'osier.

La résidence du

Avec le temps, le château se transforme, ce n'est plus simplement une forteresse défensive mais aussi la résidence du seigneur. Les pièces se multiplient et le château devient plus confortable.

Les premiers châteaux forts

Ce sont les châteaux à motte (voir p. 60). Ils se composent d'une tour en bois dressée sur une motte de terre entourée d'un fossé. Dans la basse cour se trouvent les hangars, les provisions, les écuries, le four, le puits et la résidence du seigneur. Toutes les constructions sont en bois et le château est encore vulnérable : une simple torche peut l'embraser et une forte pluie peut effondrer la motte.

La pierre remplace le bois

Pour parer aux risques d'incendie et d'écroulement, le bois est remplacé par la pierre à partir du XIe siècle. Le seigneur fait appel à des ouvriers spécialisés, maçons, tailleurs de pierre et charpentiers, pour construire une grosse tour rectangulaire : le donjon. Cette tour abrite la famille du châtelain et la garnison. Pour être mieux protégé, on remplace l'ancienne palissade en bois par une muraille crénelée percée de fentes, les archères, derrière laquelle la garnison peut se retrancher et tirer sur les assaillants. Peu à peu, le château devient plus grand, le donjon plus haut, les tours plus nombreuses.

Le château est-il confortable ?

Dans le château il n'y a ni radiateur, ni robinet d'eau. Les cheminées, qui

apparaissent au XIe siècle, sont réservées à certaines pièces : salle de réception, appartements seigneuriaux et cuisines. L'eau est puisée au puits de la cour ou dans les citernes qui recueillent l'eau de pluie. Elle est ensuite chauffée dans des chaudrons. On fait sa toilette dans des bassines, ancêtres de nos lavabos, et pour le bain on se sert de grandes cuves de bois. Les cabinets, latrines, sont construits dans l'épaisseur des murs. Un siège, pourvu d'une dalle trouée, est installé dans le retrait. Le seigneur utilise aussi une chaise percée. Il y a peu de lumière dans le château car les ouvertures sont petites et recouvertes de parchemin avant que ne soit utilisé le verre au XIIIe siècle. On s'éclaire à la bougie.

Quels meubles y trouve-t-on ?

Le mobilier est encore réduit. Le seigneur étant souvent sur la route, il doit pouvoir emporter ses biens avec lui. Les meubles sont concentrés dans la salle d'apparat, la salle principale. Le mobilier se compose de bancs, de sièges pliants, d'une chaire. Les tables sont en général démontables et des coffres et des armoires renferment linge et vaisselle. Les murs sont tendus de draps, de tapisseries et de fourrures qui permettent de protéger du froid et de l'humidité. Au sol, il y a encore peu de tapis. On dispose parfois des herbes odorantes. Quant aux lits, ils peuvent être très grands surplombés de montants de bois, d'où tombent des rideaux plus ou moins luxueux.

Un apprentissage

Le jeune page s'entraîne aux maniements des armes avec une épée en bois, tandis que le futur chevalier, adolescent, s'exerce à la lance contre un mannequin.

Le chevalier est l'homme de guerre par excellence. Avant d'être admis par ses aînés, il devra suivre un long apprentissage. Il lui faudra aussi bien apprendre à connaître la nature et les bonnes manières qu'à manier les armes. Cette formation se clôt par l'adoubement. Dès lors, il doit être courtois, courageux et loyal, comme tout chevalier.

Le page, futur chevalier

À 7 ans, le petit garçon noble quitte sa famille pour s'en aller vivre dans un autre château. Il est confié à un seigneur plus puissant que son père, une sorte de parrain qui se charge de son éducation. Désormais, la femme du seigneur remplace sa mère. Le petit page, comme on l'appelle, apprend les bonnes manières, sert à table et rend service à la châtelaine. Il doit aussi savoir bien s'exprimer pour pouvoir par la suite tenir convenablement sa place à la cour. Le page apprend à connaître les animaux, en particulier le cheval, qui deviendra plus tard son fidèle compagnon. Il doit le nourrir, le soigner, s'occuper du harnachement.

Il découvre également la nature et les plaisirs de la chasse.

Le page devient écuyer

À 14 ans, le jeune garçon devient écuyer, c'est-à-dire « celui qui tient l'écu ». Il peut escorter son maître à la guerre, porter son équipement pour que le seigneur n'arrive pas trop fatigué au combat. Il l'aide à enfiler son armure en temps voulu et, s'il le faut, lui prête main forte pendant le combat.

difficile

La colée est le moment fort de la cérémonie de l'adoubement, c'est l'instant où le chevalier, un genou à terre devant son seigneur, reçoit un coup sur son épaule avec le plat de l'épée.

En effet, au cours d'une longue cérémonie, le seigneur qui a accueilli l'écuyer dès son enfance va lui donner le destrier, les éperons, l'épée et le manteau nécessaire à la panoplie du parfait chevalier. Peu à peu, l'Église organisera la cérémonie de l'adoubement pour contrôler l'énergie et la violence des chevaliers.

Comment s'exerce-t-il au combat ?

Pour être capable de se battre, il se livre à de nombreux exercices physiques, plus difficiles les uns que les autres. L'écuyer monte les chevaux les plus récalcitrants, sous l'œil de chevaliers aguerris. Il se fait les muscles en maniant des armes particulièrement lourdes. Et pour être vraiment habile, il s'entraîne à la lance contre un mannequin muni d'un écu : c'est le jeu de la quintaine. Gare au cavalier qui ne s'éloigne pas assez vite après avoir frappé l'écu de sa lance, le mannequin risque de lui asséner un grand coup de masse en pivotant.

Qu'est-ce que l'adoubement ?

Le jeune noble a environ 20 ans, il va devenir chevalier. Le mot adouber vient du vieux français et signifie « équiper ».

Comment se déroule la cérémonie ?

La veille au soir, l'écuyer prend un bain rituel. Lavé et rasé, il va veiller toute la nuit à la chapelle. Le lendemain, c'est le grand jour. Le futur chevalier revêt ses plus beaux habits. Il se présente devant le roi ou devant le seigneur du domaine, son parrain, qui lui remet alors son épée bénite sur l'autel et ses éperons.
Le nouveau cavalier fait serment de mettre son arme au service de Dieu et des plus faibles. Ce serment est généralement suivi de nobles réjouissances.

La panoplie

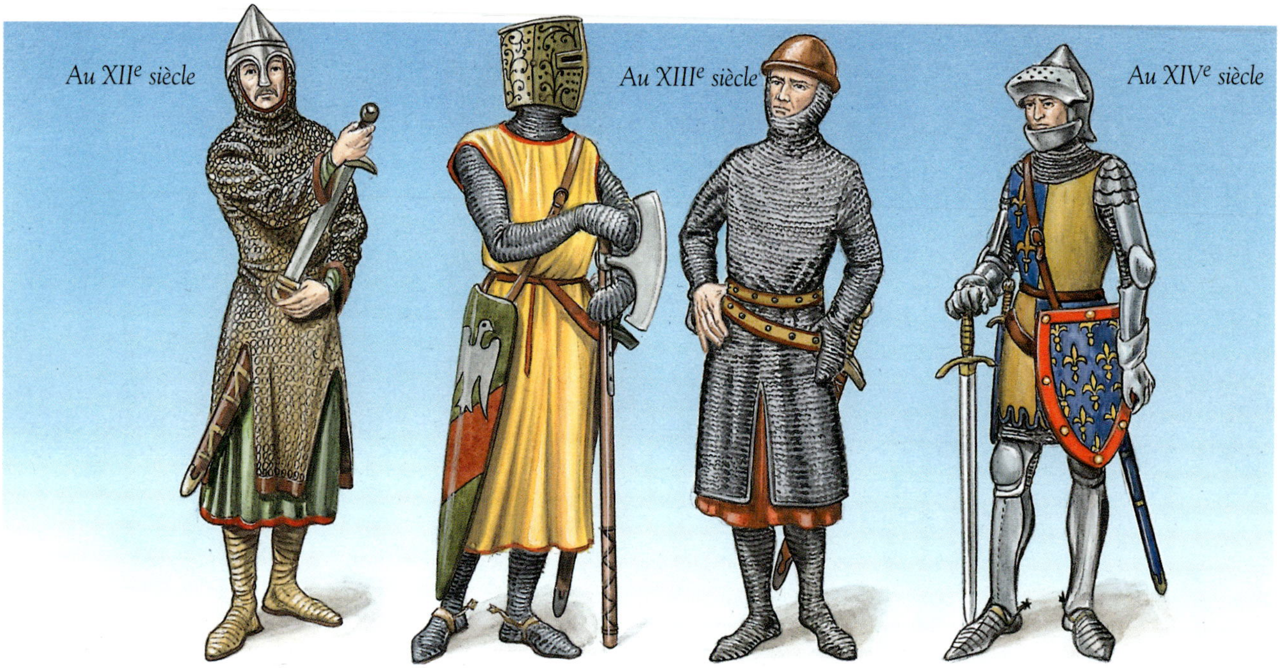

Au Moyen Âge, le harnois représente l'ensemble de l'équipement indispensable au chevalier, c'est-à-dire ses armes, son armure et l'habillement de son cheval. Avec les siècles, l'équipement est plus imposant et aussi plus coûteux. Il devient même si cher que certains écuyers renoncent à l'adoubement.

Un chevalier peut-il exister sans son épée ?

C'est impossible car l'épée et le chevalier sont inséparables. L'épée est la compagne fidèle. Comme une personne, elle porte un nom, telle la fameuse Excalibur du roi Arthur ! Certaines sont si précieuses qu'elles renferment des reliques de saints. D'autres, ayant appartenu à des héros, sont considérées comme des fées. Jamais elles ne doivent tomber entre des mains ennemies, sous peine d'être déshonorées.

À quoi ressemble l'armure ?

L'armure évolue en même temps que l'art de la guerre. **Au milieu du XIIe** siècle, le guerrier porte une tunique qui descend au-dessous du genou. Par-dessus, il enfile une broigne faite de peau ou de toile, revêtue d'anneaux ou de chaînettes de fer. Sa tête est protégée par un casque conique et ses jambes sont couvertes de chausses.

Au XIIIe siècle, le chevalier adopte le haubert de mailles à capuchon. En dessous, il porte un gambison, c'est-à-dire un vêtement spécialement rembourré pour amortir les coups ; il endosse aussi une tunique qui évite à la cotte de mailles de chauffer au soleil ou de rouiller avec la pluie. Le heaume cylindrique et plat au sommet remplace

du chevalier

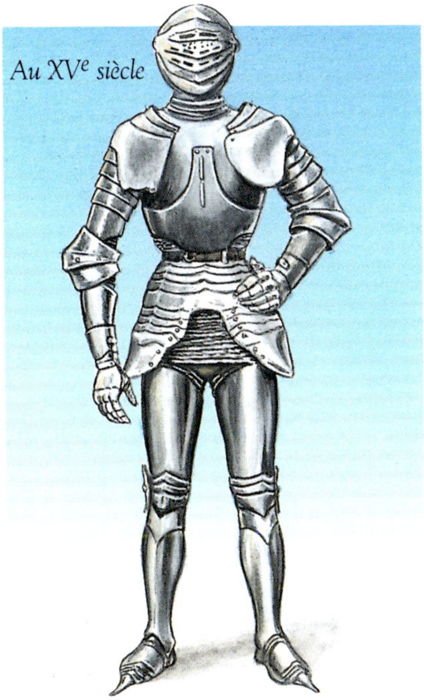

Au XVᵉ siècle

Le chevalier protège aussi sa monture.

le casque conique. Enfin, les genouillères et les grèves protègent les jambes du guerrier.

Au XIVᵉ siècle, le torse, les bras, les épaules sont à leur tour protégés de plaques de fer. Le heaume est remplacé par un casque articulé appelé bassinet.

Au XVᵉ siècle, le chevalier ressemble à un robot. Seule compte l'efficacité de la cuirasse face à la violence des arbalètes. Les techniques de combat changent. Les cavaliers mettant souvent pied à terre, il est nécessaire de couvrir de fer toutes les parties du corps.

Mais le chevalier s'épuise vite avec 25 à 30 kilos d'armure sur le dos.

Une armure faite sur mesure

Le chevalier veut une armure assez légère pour courir, assez souple pour monter à cheval, et assez élégante pour parader ! Afin de mieux répondre à ses exigences, le forgeron, qui travaille sur mesure, déploie des trésors d'ingéniosité pour adapter le fer aux articulations du corps. Comme le vêtement, l'armure suit la mode. Peinte en noir, blanchie ou polie, elle est ornée de magnifiques décors, rehaussée d'or, de pierres ou d'ivoire.

Protéger sa monture

Tout comme l'épée, le cheval est indispensable au chevalier. Les meilleurs doivent être capables de galoper avec au moins 100 kilos sur le dos, c'est le poids d'un chevalier et de son armure. Le chevalier tient donc à préserver sa précieuse monture des coups de l'ennemi. Il l'habille d'abord dans une housse puis, comme lui, l'enveloppe d'une véritable carapace de fer. Des plaques métalliques protègent la tête du cheval, son poitrail, parfois son cou et ses flancs.

Une épreuve noble,

Un blason de chevalier.

Pendant deux ans, le jeune adoubé va courir de tournoi en tournoi avec l'aide financière de son parrain. Le tournoi est un véritable jeu de guerre au cours duquel le chevalier prouve son habileté et son courage.

À quoi sert le blason ?

Le blason est un signe de reconnaissance. Caché derrière sa cuirasse de fer, le chevalier porte l'emblème de son seigneur peint sur son écu et cousu sur sa cotte de mailles, chacun peut ainsi savoir à quel camp il appartient. Au XIVe siècle, le blason s'affiche partout, sur les cottes de mailles, les écus, les bannières et même sur les vêtements civils.

Les préparatifs

La veille, les combattants montent des tentes tout autour d'un gigantesque champ où deux équipes vont se battre pour la victoire. Des estrades richement décorées de banderoles, d'écussons et de tapis sont dressées au bord du pré. Avant le début du tournoi, les chevaliers plus âgés et les belles dames prennent place sur les estrades pour suivre les exploits des fringants chevaliers. Bannières au vent, les chevaliers font fièrement leur entrée sur le terrain. Les dames choisissent leur champion. Elles leur confient une écharpe, une boucle ou une manche que les chevaliers nouent au sommet de leur heaume. Le tournoi peut commencer.

Qu'est-ce qu'une joute ?

C'est un combat singulier qui ouvre généralement le tournoi. Le jeu est très violent. À partir du XIVe siècle, des règles strictes sont mises en place. Lance en avant, le chevalier charge pour renverser son adversaire ou lui ôter son casque. La pointe de la lance peut être émoussée pour diminuer les risques d'accident, mais le danger

le tournoi

n'est pas totalement écarté car si la lance se brise, le bout peut devenir plus acéré que jamais. Au XVe siècle, des barrières sont installées au milieu du terrain pour séparer les deux adversaires.

Que le meilleur gagne !
C'est l'heure d'entrer en lice. Les deux bandes rivales, cavaliers et fantassins mêlés, s'élancent à travers champs. Le but est de se rendre maître du terrain de bataille (appelé « lice »). Tous les coups sont permis, le sang coule et les armures s'entrechoquent. Les combattants ont très chaud sous leur lourde protection. Le jeu ressemble un peu à une partie de chasse avec, en guise de gibier, les chevaliers adverses. L'un d'eux est traqué, désarçonné et forcé à se rendre.

Jeu d'argent, jeu de vilain
Les meilleurs combattants reçoivent un prix et obtiennent aussi de l'argent en revendant les montures capturées. Cependant, la gloire demeure plus importante que l'argent, et les chevaliers dépensent ce qu'ils ont reçu en réjouissances et en cadeaux. Pour les plus vaillants, appelés les champions, gagner permet d'être invités par les plus riches seigneurs et de tournoyer en portant leurs couleurs. L'Église regarde d'un mauvais œil ces jeux qu'elle juge source de violence, de cupidité et d'orgueil. En 1188, elle les condamne. Leur pratique reste pourtant très populaire.

Tout un code de l'honneur doit être respecté lors des tournois. Pour le chevalier, le tournoi est un moyen d'avoir les faveurs d'un riche seigneur.

Le seigneur

Très longtemps la chasse à courre reste le sport noble favori des seigneurs et des rois.

Quand il n'est pas à la guerre ou en train de tournoyer, le seigneur est à la chasse. C'est à la fois un jeu passionnant, un excellent entraînement pour se battre, car la chasse demande les mêmes qualités que la guerre, et enfin une façon d'enrichir la table du château.

Une chasse gardée pour le seigneur

À l'époque, l'élevage n'est pas très développé et de nombreux animaux vivent dans la forêt. La chasse fournit de la viande pour les repas au château car le seigneur est un amateur de gibiers, grillés ou bien rôtis. Petit à petit, le défrichement des forêts s'accélère. Le seigneur, inquiet de voir le gibier diminuer, se réserve de vastes étendues de terre, interdisant aux paysans de venir chasser. Et malheur à ceux qui sont surpris en train de braconner !

La chasse à courre

Le seigneur et ses fidèles compagnons pratiquent la chasse à courre. À cheval, et aidés d'une meute de chiens, ils poursuivent le cerf, le daim, le chevreuil ou le sanglier jusqu'à ce que la bête soit épuisée. Aux vilains reviennent seulement le droit de chasser les oiseaux et les lapins. Seul le seigneur est capable de se payer les armes indispensables à la chasse au gros gibier. L'arbalète, l'épieu et le cheval, utilisés pour la traque des proies, servent également à la guerre. Quant à la meute de chiens, avec son chenil et ses dresseurs, elle ne peut être entretenue qu'au château.

et la chasse

Qu'est-ce que la fauconnerie ?

C'est une manière de chasser très savante et très ancienne. Ce type de chasse, originaire d'Orient, se répand avec les retours de croisade. Sa pratique est réservée à la noblesse. Quand il chasse du gibier à plumes, le seigneur s'aide d'un faucon dressé pour tuer d'autres oiseaux. Ces rapaces sont très précieux. La fauconnerie est un véritable art et dresser un faucon n'est pas donné à tout le monde, c'est un travail très bien rémunéré. Le fauconnier apprend aux oiseaux de proie à obéir au sifflet, à la voix ou au geste. Il s'aide d'une ficelle attachée à la patte de l'oiseau et d'un leurre, c'est-à-dire d'une fausse proie pour l'appâter. Une fois lâché, le faucon devra revenir sur le leurre et sera récompensé par de la nourriture et des caresses.

Y a-t-il beaucoup de loups ?

Oui, les loups sont très nombreux à l'époque. L'hiver, ils rôdent autour des villes, des villages et des châteaux. On admire leur ruse, leur force, leur combativité, mais on craint ces bêtes rapides capables de parcourir plusieurs centaines de kilomètres en quelques jours. Quand ils terrorisent les paysans et qu'ils massacrent leurs bêtes, on organise de grandes battues pour les éliminer. En guise d'appât, de gros morceaux de viande sont cachés après qu'une piste ait été créée en traînant ces appâts au sol. Quand le loup apparaît les hommes postés dans des arbres donnent le signal pour lâcher la meute.

Lorsque le loup devient trop menaçant pour un village, une battue est entreprise.

Quand le seigneur

Lors des festins, le seigneur est fier de servir les différents gibiers qui ont été chassés sur ses terres. On ne mange dans des assiettes qu'à partir du XVe siècle.

Comme il est important pour le seigneur d'entretenir les relations avec ses vassaux, il organise de somptueux banquets pour prouver sa richesse et sa générosité. C'est l'occasion de réunir autour de lui tout son petit monde, famille, courtisans et compagnons d'armes.

Les couverts des convives

Il n'y a pas de fourchettes au Moyen Âge. Lorsqu'on est invité, on apporte souvent son propre couteau avec soi ; mais surtout on mange avec les doigts, car les cuillères sont plutôt réservées aux cuisiniers. L'usage des assiettes en bois ou en métal ne se généralise pas avant le XVe siècle. Auparavant, on dispose la nourriture sur de grandes tranches de pain appelées tranchoirs et l'on partage facilement son plat avec ses compagnons de table.

Un service 4 étoiles

Le repas est une cérémonie très bien organisée. Chacun y a son rôle. Le sénéchal, en général un vassal du seigneur, organise le service. Il verse de l'eau sur les mains des convives pour qu'ils se les nettoient avant de manger avec leurs doigts. Il découpe les viandes et les sert sur les tranchoirs. Les apprentis chevaliers secondent le sénéchal dans son travail.
Ils versent le vin dans les coupes. L'arrivée des plats est parfois saluée par le chœur des trompettes.
Les tables sont dressées en « U » le long des murs afin que le centre de la pièce reste libre. Chacun des convives peut ainsi admirer les jongleurs, troubadours et autres divertissements.

donne un festin

Les cuisines du château sont grandes avec des cheminées immenses dans lesquelles les cuisiniers font rôtir de grosses pièces de viande.

De quoi sont composés les repas ?
À la table des seigneurs les plus riches, les repas de fête sont extraordinaires. Un repas peut comprendre plusieurs services, composés chacun de nombreux plats et accompagnés de pain blanc. Les potages, les pâtés, les poissons se succèdent. Puis vient le gibier... Les viandes sont rôties à la broche ou cuites au four, accompagnées de sauce. À partir des croisades, elles sont cuisinées avec toutes sortes d'épices rares venues d'Orient (cannelle, poivre, gingembre...). Enfin, la plupart des desserts sont sucrés au miel.

Conseils de santé
Il existe déjà des traités de diététique à l'usage des gros mangeurs. On y indique comment soigner les crises de foie ou les maux d'estomac. Pour le foie, il est conseillé de manger de la poule, de la chair de chevreuil, de la rhubarbe, de la laitue ou encore de la chicorée. Pour l'estomac, on préfère les aliments acides.

En cuisine
La chaleur est épouvantable. Devant l'immense cheminée, le marmiton tourne la broche sur laquelle rôtit la viande tandis qu'un chaudron bouillonne sur le feu. Des tables couvertes de braise incandescentes conservent les plats chauds avant que les serviteurs les emportent à la queue leu leu jusqu'à la grande salle. Les nombreux cuisiniers et serviteurs s'activent pour que les convives ne manquent de rien. Le festin dure plusieurs heures et chaque service demande beaucoup de préparation.

La vie de famille

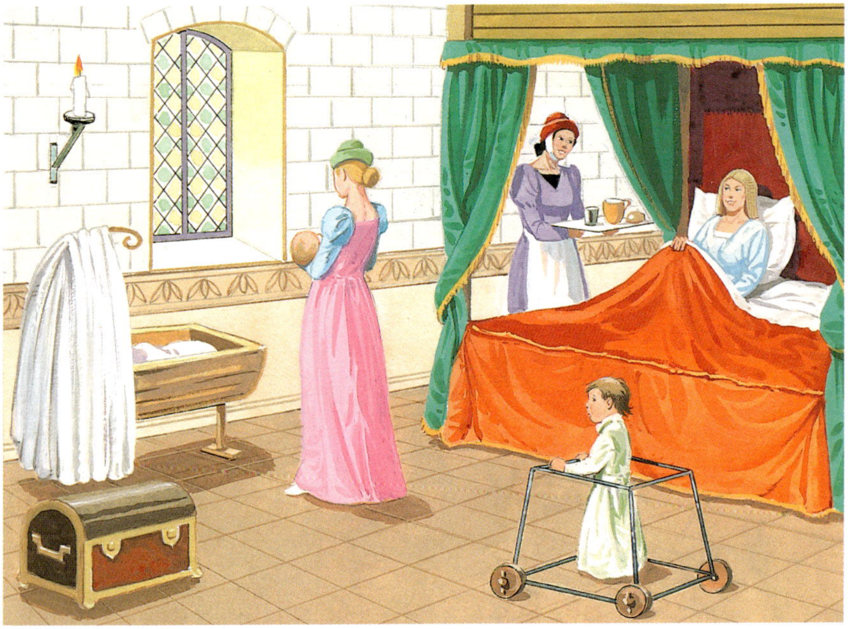

Pour les seigneurs, la famille est importante et ce qui leur importe surtout, c'est de conserver le patrimoine familial intact : c'est-à-dire que les terres ne soient pas partagées et qu'elles ne sortent pas de la famille. Mais à l'époque, seul l'aîné hérite du domaine, ce qui provoque bien des drames et des jalousies.

Les enfants du château

Les enfants naissent au domaine, mais beaucoup meurent très jeunes. Néanmoins, les enfants des seigneurs, mieux nourris que les petits paysans, ont plus de chances d'échapper aux maladies. Les garçons et les filles grandissent ensemble jusqu'à l'âge de sept ans. Ils portent les mêmes habits et dorment dans la même chambre. Après la septième année, frères et sœurs sont séparés. Les garçons partent souvent au loin, dans un autre château ou dans un monastère pour y être éduqués.

Quelle est la vie d'une châtelaine ?

La vie de la châtelaine n'est pas toujours de tout repos. Son principal rôle est de donner naissance à un fils qui héritera plus tard du domaine laissé par le père. C'est la femme qui contrôle le travail des serviteurs, surveille les réserves de nourriture et, bien souvent, contrôle la fabrication des textiles (draps, vêtements, nappes) produits au château. La châtelaine a le privilège de broder les plus beaux tissus achetés aux marchands de passage. La dame du château veille également sur les dépenses.

La dame du domaine dirige parfois un petit atelier de filature au château.

au château

La plupart des mariages étaient convenus pour des raisons économiques ou de pouvoir.

Elle porte les clefs des coffres suspendues à sa ceinture. Et quand le seigneur s'absente, c'est elle qui prend les affaires en main et défend le domaine.

Telle mère telles filles

Les filles suivent l'exemple de leur mère. Elles apprennent à tisser, broder mais aussi à danser, chanter, pour se préparer aux différents divertissements du château. On leur enseigne surtout à devenir de bonnes épouses. Car avant tout, les filles sont formées au mariage.

Le mariage des seigneurs

Les mariés sont souvent très jeunes : les filles peuvent se marier à partir de 12 ans et les garçons 14. Les mariages sont parfois arrangés dès le berceau et les jeunes gens n'ont guère le choix.
Ce sont les familles qui décident des alliances, souvent pour des questions de territoires.
Tout commence par des fiançailles, c'est-à-dire des discussions entre les deux familles. C'est un moment important puisque le père qui marie son fils aîné devra installer sa nouvelle famille dans sa propre maison et lui donner une part de ses terres. Lorsque les familles se sont mises d'accord sur l'union, les fiancés peuvent se rencontrer. C'est souvent la première fois que les futurs époux se voient.

Les seigneurs ont-ils plusieurs épouses ?

À l'époque carolingienne, un homme peut avoir plusieurs épouses. Charlemagne a quatre femmes, plus une compagne. Pour se marier, il suffit alors de réunir les futurs époux et leurs parents. Au XIIe siècle, l'Église fait du mariage un contrat passé devant Dieu. Désormais, de véritables cérémonies sont organisées, les époux s'échangent des alliances en présence d'un prêtre. Dès lors, ils doivent vivre ensemble et être fidèles.

Une très grande

Au XIIe siècle

Le vêtement est un signe de reconnaissance. Certains accessoires comme les gants et les chapeaux déterminent le rang de celui qui les porte. C'est la même chose pour la fourrure : la zibeline est destinée aux seigneurs et à leurs dames, le chat aux petites gens. Ainsi, chaque catégorie sociale a sa tenue.

Où s'habillent les nobles ?

Les seigneurs aiment montrer leur puissance à travers leurs habits. Comme il n'existe pas de magasins de vêtements, les plus riches font faire sur mesure leur costume chez le tailleur. Ils choisissent de préférence des tissus rares, comme les lourds draps fabriqués en Flandre, les soieries ou les mousselines ramenées d'Asie. Le luxe se voit aussi à la quantité de tissus employée pour faire les robes aux longues traînes et aux amples manches. Le seigneur, en plus d'habiller sa famille, met un point d'honneur à vêtir son entourage pour montrer sa générosité et son faste.

Suit-on la mode ?

Comme aujourd'hui, le mode change tout au long du Moyen Âge, les vêtements se raccourcissent, s'ajustent ou s'élargissent. Les couleurs changent aussi avec la mode. À la fin du XIIIe siècle, des lois viennent réglementer la tenue vestimentaire. Même s'il a assez d'argent, le bourgeois n'a pas le droit de s'habiller comme un prince.

Comment se coiffe-t-on ?

La coiffure est un art compliqué auquel hommes et femmes attachent beaucoup d'importance.

élégance

Les hommes portent les cheveux longs ou courts selon les périodes et se coiffent de chapeaux aux formes les plus variées ou de turbans étranges. Quant aux femmes, tantôt elles cachent leurs longs cheveux sous des voiles, tantôt elles font de savantes coiffures avec leurs nattes. Et si leurs cheveux ne suffisent pas, elles en achètent des faux. Plus tard, c'est la mode des coiffes pointues avec des cornettes. Les femmes se promènent alors avec de véritables échafaudages perchés sur la tête. On dit que pour passer dans les ouvertures de portes, elles doivent parfois se courber ou se glisser de côté.

Quelles chaussures à son pied ?

Les souliers sont légers, parfois recouverts de soie et brodés de perles colorées. Ils peuvent être extrêmement pointus, comme les poulaines dont la longueur varie selon le rang de celui qui les porte. Pour aller à cheval ou à pied, nobles et vilains utilisent des bottes appelées houseaux. Elles sont parfois si serrées qu'on ne peut les ôter qu'avec l'aide et la force des valets.

Porte-t-on des bijoux ?

Au Moyen Âge, on aime les joyaux. Ils ornent non seulement les couronnes, mais aussi les vêtements, les armes ou les chaussures. Les hommes, comme les femmes, aiment en porter. Au XIVe siècle, le goût est aux pièces d'or et aux pierres précieuses.

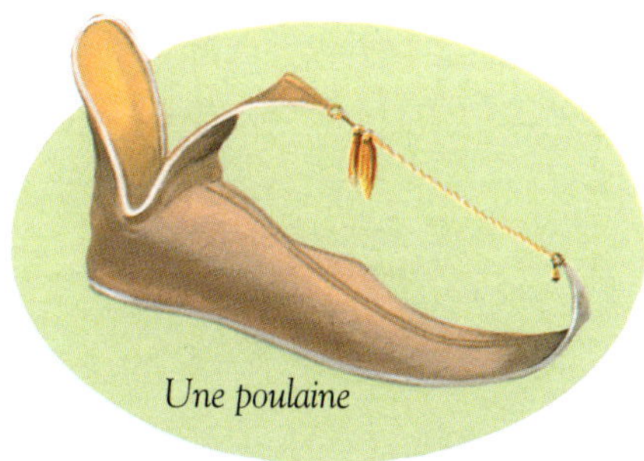

Une poulaine

Grands conflits

La guerre est le passe-temps favori des chevaliers. Les mariages, les héritages sont autant de prétextes à se battre. Il suffit qu'un seigneur jette son gant à la figure d'un autre pour que deux familles s'affrontent pour l'honneur de leur clan. Avec le temps, les enjeux changent, les armes et les conflits aussi.

Il y a peu de grands conflits

À l'époque, on connaît plus de petits affrontements entre bandes rivales que de grands conflits. Toutes les raisons sont bonnes pour faire la guerre. Le « cri du château » retentit et tous les chevaliers, dans leurs armures rutilantes, montent en selle derrière leur chef. Les paysans suivent à pied, armés de frondes, de piques et de gourdins. Rares sont les batailles qui engagent de nombreux hommes. Seules quelques batailles verront s'affronter des milliers de combattants.

Les victimes sont-elles nombreuses ?

Il n'y a généralement pas beaucoup de morts, du moins parmi les chevaliers. Car, s'ils sont bien protégés par leur armure, les vilains, eux, ne portent qu'un vêtement à peine rembourré. Les chroniqueurs de l'époque ne parlent pas des pertes dénombrées parmi les gens à pied, la piétaille, mais les victimes sont certainement plus importantes.

Les ravages des guerres

Les attaquants ont pour mission de saccager les terres du clan adverse. Ils rasent alors les récoltes, capturent le bétail, saccagent les vignes, pillent les villages et brûlent le château si par malheur la garnison est absente. Si la guerre est une occupation pour les chevaliers, elle sème la désolation chez les paysans. À la moindre alerte, ils se réfugient dans la cour du château fort ou même dans les bois et les marécages alentour.

et petites batailles

Un soldat est fait prisonnier. Il ne peut être libéré que si son seigneur verse une rançon à l'ennemi.

À l'attaque !

Voici le chevalier sur le sentier de la guerre. Il retrouve les autres vassaux sous la bannière de son chef. À ses côtés, son écuyer suit avec l'équipement. Le chevalier emmène aussi plusieurs chevaux. Un premier le porte jusqu'au lieu du combat. L'ennemi en vue, le chevalier enfourche sa meilleure monture. Il prend son bouclier, sa lance pointée vers le ciel et s'avance au trot. Arrivé à une trentaine de mètres du clan rival, il donne un grand coup d'éperons dans les jarrets de son destrier et part lance en avant.

Une histoire de rançon

Les chevaliers aiment la guerre et y vont sans crainte. Le code de conduite chevaleresque est là pour les protéger. Les chevaliers ont l'interdiction de s'entre-tuer mais ils peuvent être faits prisonniers. Dans ce cas, le seigneur du chevalier prisonnier doit livrer une rançon pour récupérer son vassal.

Trêve d'hiver et jour du seigneur

L'Église intervient autant qu'elle peut pour limiter les conflits. À partir du XIe siècle, la guerre est interdite du mercredi soir au lundi matin ainsi que les jours de fête : c'est la trêve de Dieu. La guerre s'arrête également en hiver. C'est le moment de tenter de réconcilier les ennemis. Si la tentative aboutit au baiser de la paix, chacun des clans libère ses prisonniers.

Le temps des

Tandis que les armes se perfectionnent, les batailles prennent une autre tournure. On fait de plus en plus appel aux soldats de métier : les mercenaires. Avec eux, il n'est plus question de code chevaleresque.

La fin des chevaliers

Il ne s'agit plus désormais d'encourager les exploits individuels mais de mettre en place une stratégie d'ensemble. Dès le XIIe siècle, le roi d'Angleterre se dote d'une armée de métier et, pendant la guerre de Cent Ans, les Français essuieront de terribles défaites face à ces efficaces adversaires. Les Français sont peut-être de mieux en mieux protégés, mais ils sont de plus en plus lourds et de moins en moins rapides (voir p. 67). En plus, le coût d'une armure devient si exorbitant que certains écuyers renoncent à l'adoubement. Le déclin de la chevalerie est aussi dû à l'indiscipline qui règne dans les troupes et au manque de solidarité. En pleine bataille, personne n'obéit plus à personne et certains seigneurs se réjouissent même de la déconfiture de leurs compagnons d'armes !

Qui sont les routiers ?

Une nouvelle race de guerriers apparaît : ce sont les routiers. Ces hommes sont recrutés parmi les marginaux. Ils vont en bandes, sur les routes, avec un capitaine à leur tête. Les mercenaires se battent pour de l'argent et sont équipés d'arbalètes et d'arquebuses. Pourtant, l'usage de ces armes est interdit entre chrétiens. Mais les seigneurs contournent la loi en payant les troupes de mercenaires qui les utilisent. Durant les trêves, certaines compagnies de mercenaires pillent et saccagent les villes et les villages. Ces troupes sont

mercenaires

Les fantassins sont de mieux en mieux armés, et bien organisés, ils peuvent former de vrais remparts humains.

de véritables fléaux pour les villageois ou les citadins. D'autres compagnies sont très organisées et ressemblent à des armées privées.

La revanche de la piétaille

Au XIVe siècle, les troupes à pied prennent leur revanche sur les cavaliers. Ils n'ont que faire de la morale chevaleresque. Dressé sur sa monture, le chevalier est une bonne cible pour les arbalètes ou les arquebuses et les fantassins n'hésitent pas à tirer de loin. La cuirasse d'une armure ne résiste pas à la puissance des traits de ces armes diaboliques. Le cheval, lui aussi, est facile à abattre. Et une fois à terre, son maître a peu de chances de s'en tirer vivant. Quand les troupes de fantassins s'approchent, elles forment de véritables murs tout hérissés de hallebardes. Rien ne peut percer cette masse d'hommes. Alors que la bataille fait rage, les fantassins se glissent au milieu des chevaliers, attaquent les destriers pour égorger ensuite les chevaliers tombés à terre.

Les mercenaires sont-ils bien protégés ?

Face aux 25 kg d'une armure, le vêtement du fantassin paraît bien léger. Sa tenue, appelée brigandine, ne pèse pas plus de dix kilos. Elle se compose de deux couches de tissus épais ou de peaux, renforcés par des lames d'acier glissées entre les deux étoffes. Sur la tête, le soldat porte un casque sans visière que l'on nomme « salade ».

Le mercenaire et sa tenue.

La forteresse, une

Les ouvriers utilisent d'astucieux engins de bois pour la construction de la forteresse. Les matériaux sont lourds, les murs doivent être épais et solides.

Au cours du Moyen Âge, les châteaux sont de mieux en mieux fortifiés. Leurs plans, de plus en plus compliqués, soulignent la puissance militaire du maître des lieux. Tout est prévu pour qu'une poignée d'hommes puisse repousser l'ennemi armé jusqu'aux dents et lui résister.

Où construire le château fort ?

Le rôle du château est aussi de protéger le territoire, le choix de l'emplacement est donc essentiel. Il peut trôner au milieu de vastes étendues pour profiter d'un large point de vue, surveiller les routes et diviser les corps d'armée. Il peut aussi être construit sur une butte pour mieux dominer le territoire et se défendre plus facilement. Avant de lancer le chantier, il faut penser aux matériaux nécessaires à la construction afin que ni le bois, ni la pierre, ni le chanvre ne soient trop difficiles à se procurer.

L'art de bâtir pour la guerre

L'évolution des armes et des engins de guerre font progresser les techniques de défense et chaque élément de la construction a son rôle à jouer dans la protection du lieu. Le fossé constitue à la fois une réserve de poissons et une barrière contre l'ennemi, sauf l'hiver car l'eau gèle parfois.
La base des murailles est profilée pour que les projectiles ricochent dessus.
Pour une meilleure surveillance du territoire, une tour de guet est placée au sommet du donjon.
Les tours, de plus en plus nombreuses autour de la muraille, ne sont plus carrées mais rondes, car l'arrondi résiste mieux aux projectiles et évite les angles morts.

place imprenable

Comment impressionner l'ennemi ?

Des ouvertures sont pratiquées un peu partout pour pouvoir se défendre. Dans les chemins de ronde, placés en encorbellement, les mâchicoulis, des trous, sont créés d'où l'on peut envoyer toutes sortes de projectiles. Les créneaux, c'est-à-dire les dentelures qui habillent la muraille, permettent à la fois de se protéger des jets de l'ennemi et d'attaquer. Encore faut-il voir les assaillants ! S'ils sont au pied de la muraille, on peut les mitrailler de pierres, de bois, d'huile ou d'eau brûlante depuis le sommet des hourds ou des échauguettes. Quant aux meurtrières, c'est-à-dire les fentes ménagées dans dans le rempart, elles permettent de tirer à l'arc ou à l'arbalète tout en restant à l'abri. Et avant même de servir à la défense, tous ces éléments sont là pour impressionner l'ennemi.

Combien coûte un château fort ?

Si les châteaux sont de plus en plus résistants, ils coûtent aussi de plus en plus cher : l'équivalent de plusieurs millions d'euros parfois. Mais les seigneurs dépensent trop d'argent dans les croisades, les festins et les tournois. Ils s'endettent...
Tous ne peuvent donc pas réunir suffisamment d'argent pour payer les ouvriers et les matériaux nécessaires à la construction d'une puissante forteresse.
C'est le maître d'œuvre qui établit le devis en fonction du prix des matériaux, de la longueur des remparts, du nombre de tours...

Le château doit paraître bien protégé pour impressionner et décourager l'ennemi éventuel.

Les armes et les

De l'invasion des Barbares jusqu'à la fin du Moyen Âge, les armes et les engins de guerre les plus variés sont employés au cours des batailles et des sièges de châteaux forts. Au fil des siècles, les ingénieurs cherchent à perfectionner l'armement. Ces évolutions techniques, l'emploi de l'arbalète et la découverte de la poudre à canon, transforment l'art de la guerre.

L'épée (1)
C'est l'arme de la noblesse par excellence. Longtemps on s'en sert pour trancher non pour piquer, le bout de la lame est donc arrondi. Mais au XIVe siècle, l'épée doit pouvoir transpercer les jointures de l'armure la plus solide.

La lance (2)
Au départ, la hampe (le manche) mesure 3 m de long pour atteindre 5 m vers la fin du XIVe siècle. Un tel engin est lourd et n'est pas facile à manier. Au XVe siècle, le cavalier cale la lance sous l'aisselle avant de charger.

La hache (3)
La hache est au départ l'arme des piétons et ce n'est qu'au XIIe siècle que les cavaliers l'adoptent. À la fin du XIIIe siècle, les fantassins ajoutent une pointe au bout du manche afin de transpercer les armures. La hache devient une hallebarde.

La dague (4)
Plus ou moins courte, cette arme se porte à la ceinture. Les fantassins l'utilisent pour égorger les chevaliers tombés à terre. Elle permet aussi de parer les coups.

La masse d'arme (5)
Un seul coup de cette arme suffit à fracasser une tête. Elle n'est surmontée de pointes qu'au XIVe siècle quand les armures se renforcent.

L'arc (6)
Cette arme économique est très ancienne. Pour éviter que leurs flèches soient arrêtées par les écus ennemis, les archers les envoient en l'air afin que celles-ci retombent à la verticale de l'adversaire.

engins de guerre

Les bouches à feu (7)
Ces gros tubes de fer sont maintenus dans des pièces de bois. Au moment du tir, tout le monde se baisse, excepté l'artilleur chargé de la mise à feu qui tend une grande broche de fer rougie dans la gueule du canon.

La baliste (8)
Cet engin à ressorts et à cordes ressemble à un lance-pierre géant. Une fois le projectile posé dans la cuillère, on règle le tir. Quatre hommes sont nécessaires pour abaisser la cuillère à l'aide d'un treuil.

Le trébuchet (9)
Cette machine à ressorts et à cordes présente une poche de projectile qui ressemble à une fronde. Si les brides se décrochent trop tôt, le projectile part à la verticale et retombe droit sur la tête des soldats qui manœuvrent l'engin !

Le mantelet (10)
Il permet aux archers et arbalétriers chargés de couvrir les troupes d'assaut de se tenir à l'abri des flèches ennemies.

Le beffroi (11)
Cette grande tour en bois, montée sur quatre roues, permet aux troupes d'assaut d'atteindre le chemin de ronde. Elle se divise en plusieurs étages, reliés par des échelles. L'ensemble est recouvert de madriers et de peaux pour se protéger des flèches ennemies.

L'écu
C'est le nom du bouclier. Il est plus ou moins long selon les époques et les régions.

L'arbalète (voir p. 40)
Elle est plus maniable que le trébuchet puisqu'on peut ajuster son tir vers le haut ou vers le bas, mais aussi à gauche ou à droite. Certaines peuvent lancer une flèche de plus de 5 m de long à une distance d'environ 50 m !

Le mangonneau
Il sert à lancer des boulets de pierre, des paquets de cailloux ou des animaux morts. Il s'actionne au moyen de deux roues et nécessite des hommes très compétents.

Le bélier
Les Grecs et les Romains l'utilisaient déjà. C'est une longue poutre armée d'une tête en fer qui permet de défoncer portes et murs.

8

9

10

11

À l'assaut

Le siège d'un château est une opération longue et coûteuse dont l'issue est toujours incertaine : si le château est pris, il est pillé et parfois même détruit. Il arrive aussi que, par un revers malheureux, les assiégeants, repoussés par la sortie soudaine d'une garnison, se trouvent à leur tour assiégés dans leur propre camp !

Comment se préparent les assaillants ?

Les assaillants ont besoin d'une grande quantité de bois pour établir leur camp et le cerner d'une ou deux palissades. Pas question de donner l'assaut non plus sans une énorme provision de projectiles de toutes sortes : pierres, bouts de fer, flèches, pots de résine que l'on enflammera au moment venu... Il faut aussi toujours plus d'hommes pour se battre et construire les machines de guerre infernales.

Et du côté des assiégés ?

Du côté de ceux qui sont à l'intérieur du château, les troupes sont rarement assez nombreuses pour couvrir les postes de défense. Le plus important est donc d'impressionner l'ennemi avec un édifice solidement construit, de pouvoir compter sur des hommes courageux et fidèles et de posséder de bonnes réserves d'eau et de nourriture.

Comment faire pour attaquer un château ?

D'abord, il faut effectuer un repérage des lieux. Des soldats se glissent au plus près de la muraille pour évaluer les faiblesses de la construction, ses angles morts, le nombre d'échelles nécessaires pour l'escalader...

Le chat et le beffroi sont des engins particulièrement utiles pour lancer l'assaut. Ils permettent aux attaquants de se protéger tout en s'avançant au plus près de la forteresse.

Comment franchir les fosses ?

Avant de parvenir au pied des remparts, la première opération consiste à combler les fosses. Protégés par un engin qui porte le nom de « chat », les assaillants jettent pêle-mêle dans le fossé du bois ou encore des pierres. Petit à petit, le chat rejoint le pied des remparts.

Et si on sapait la muraille ?

Pour saper la base de la muraille, les hommes s'aident d'un pic ou d'un bélier. Face à la menace, les assiégés mettent tout en œuvre pour briser le bélier : ils lancent de larges poutres sur sa tête, ou encore tentent de la saisir avec une double mâchoire en fer appelée louve ou loup. Mais l'ennemi progresse. Déjà un tunnel est creusé sous le mur, il ne reste plus aux assaillants qu'à mettre le feu aux poutres qui le soutiennent et le mur entier s'écroulera !

À l'assaut !

Les fossés sont en partie comblés, le beffroi n'a plus qu'à rouler jusqu'à la muraille. Le pont fixé à son sommet s'abat sur les créneaux, les troupes d'assaut s'élancent sur le chemin de ronde tandis que des arbalétriers et des archers, postés à l'étage supérieur du beffroi, inondent les assiégés de leurs flèches. Le combat se poursuit bientôt au corps à corps : haches, couteaux, épées, dagues, toutes les armes sont utiles.
Les assiégés tentent d'échapper aux assaillants. Ils se réfugient dans les tours, barricadant les portes avec des barres de bois, obstruant les escaliers à vis pour en interdire le passage.

La chrétienté

Alors qu'au Moyen Âge l'Occident se trouve divisé en une multitude de territoires, l'Église chrétienne est la seule force capable de réunir les différents peuples. En cette période de violences, elle parvient à atténuer les brutalités et à moraliser les comportements.

Qu'est-ce que la chrétienté ?

Du point de vue de l'Occident, le monde est divisé en deux. D'un côté, il y a ceux qui croient en Jésus-Christ et en son enseignement, de l'autre, ceux qui n'y croient pas. À Rome, ancienne capitale de l'Empire romain, règne le chef suprême de l'Église : le pape. En Orient, il existe un autre grand centre de la chrétienté : Constantinople, l'actuelle Istanbul. Alors que Rome décline, la belle et riche Constantinople se déclare nouvelle capitale de l'Empire romain. Après l'invasion des Barbares au Ve siècle, l'Église veut reconvertir l'Europe. En 496, Clovis est le premier roi des Francs à se faire baptiser. Les moines partent sur les routes porter la parole de Dieu. Ils viennent d'Italie, d'Angleterre ou d'Irlande et fondent de nombreux monastères. On dit que saint Augustin de Canterbury baptisa 10 000 Anglo-Saxons en un jour !

Existe-t-il une autre religion ?

Oui, de l'autre côté de la Méditerranée, une autre religion progresse : l'islam. Elle est fondée par le prophète Mahomet au début du VIIe siècle. C'est au nom de leur dieu, Allah, que les guerriers musulmans envahissent de nombreux pays. Ils sont en Arabie,

au Moyen Âge

en Afrique du Nord, en Espagne et bientôt en France, mais ils sont arrêtés à Poitiers en 732 par Charles Martel.

Pourquoi y a-t-il deux Églises chrétiennes ?
Dans l'Antiquité l'Empire romain était si grand que l'Empereur Constantin avait créé une deuxième capitale, Constantinople, l'actuelle Istanbul. Toute la partie occidentale de l'Empire parlait latin et suivait l'Église de Rome, dirigée par le pape. La partie orientale parlait grec et suivait l'Église de Constantinople, dirigée par un patriarche. Au XIe siècle, Constantinople est un immense empire et le patriarche s'estime aussi puissant que le pape. La rivalité entre les deux parties aboutit à une rupture en 1054 : d'un côté les catholiques derrière le pape de Rome et de l'autre, les orthodoxes derrière le patriarche de Constantinople.

Des clochers à perte de vue
La multiplication des clochers dans le ciel symbolise l'adhésion de la société à la religion catholique. Dans la campagne, les monastères se chargent de faire pénétrer le christianisme au cœur du monde paysan. Ce sont des centres économiques importants car chaque monastère doit satisfaire l'ensemble des besoins de la communauté des moines. Vers l'an mil, la population européenne s'est accrue. De nouveaux villages naissent un peu partout et des églises sont contruites pour recevoir les fidèles. L'église est un lieu de vie, on y vient pour prier mais aussi pour se rassembler et y discuter. À partir du XIIe siècle, on construit en ville des cathédrales pour accueillir tous les citadins. La cathédrale est le plus haut bâtiment de l'époque. Elle fait la fierté de la cité.

Les hommes

Par leurs prières, les hommes d'Église, c'est-à-dire les clercs, servent d'intermédiaires entre Dieu et les laïcs. Ils dispensent aussi les sacrements, enseignent, assistent les pauvres et soignent les malades.

À quoi reconnaît-on un clerc ?

Un clerc se reconnaît à la tonsure qu'il porte sur la tête. Pour être membre du clergé, il suffit de se faire tondre la barbe et les cheveux devant un évêque, en signe de renoncement au monde. Mais tous les clercs n'ont pas le même rôle, ni la même importance. Il existe une hiérarchie : le pape, qui est au sommet du pouvoir religieux et qui a aussi de l'influence sur les Grands du royaume puis l'évêque, qui reste le gardien de la cité ; l'abbé, qui est le chef du monastère et enfin le prêtre ou le curé qui réunit autour de lui les villageois.

Les relations entre laïcs et religieux

On distingue, d'un côté, les laïcs, c'est-à-dire les seigneurs, les bourgeois, artisans, et paysans et, de l'autre, les gens d'Église, les membres du clergé. Mais le roi et l'empereur se présentent comme les représentants de Dieu sur terre. Le sacre et le couronnement sont des cérémonies religieuses qui séparent les empereurs et les rois de la foule des laïcs. Le roi de France est un personnage véritablement sacré. On dit même qu'il fait des miracles. De son côté, le pape, chef de l'Église, a lui aussi une immense influence. Il peut condamner l'action d'un roi et le rejeter hors de la communauté chrétienne (l'excommunier).

La prière comme métier

S'il n'est pas destiné à devenir chevalier, le petit garçon noble peut être voué à l'Église. Il veillera alors sur

d’Église

Certains monastères étaient très étendus.

les ancêtres de sa famille et priera pour sauver l’âme de ses proches. Au lieu d’être placé dans un château, il s’en va vivre dès sept ans dans une école cathédrale ou un monastère. En apprenant bien, il peut espérer atteindre les plus hautes carrières de l’Église. Sa vie alors n’est pas très différente de celle de ses frères. Il partage les mêmes plaisirs, la chasse et les festins. Et s’il n’a pas le droit de se battre, lui en revanche sait écrire, lire et compter.

Qui sont les moines ?

Les moines sont des hommes décidés à vivre pleinement leur foi, grâce à la prière et aux œuvres de charité. Certains vivent solitaires, retirés au milieu de la forêt, ce sont les ermites. La plupart se regroupent autour d’un homme pieux et forment des communautés monastiques. Les premières sont apparues en Orient puis en Occident. Au début, les moines vivent enfermés dans les monastères à la campagne. Certains sont chargés de la cuisine, d’autres fabriquent vêtements, outils, ou encore travaillent aux champs et au potager. Avec le temps, certaines communautés se rapprochent du peuple et s’installent dans la cité.

L’habit fait-il le moine ?

Oui, les communautés se différencient par leurs habits. Les bénédictins, qui prônent la pauvreté, l’humilité et l’obéissance, optent pour la robe noire. Par opposition, les cisterciens choisissent la robe blanche. Les franciscains, fondés par François d’Assise, sont un ordre mendiant, leur vêtement est en bure grossière. Pour toute ceinture, ils ont une corde et vont pieds nus.

Les marginaux

Ce sont les religieux qui s'occupent des malades et des hôpitaux.

Le Moyen Âge a peur de la différence. Ceux qui ne pensent pas et ne vivent pas comme tout le monde ou ceux qui ne ressemblent pas à tout le monde sont rejetés et même parfois persécutés.

Des métiers tabous ?

Avant l'an mil, on craint le charbonnier crasseux, le boucher, le bourreau ou le chirurgien. La saleté, le sang et même l'argent font peur. Le prêt d'argent moyennant des intérêts est longtemps interdit aux chrétiens. Le rôle de prêteur revient aux juifs auxquels on interdit de nombreux métiers. Les Juifs sont obligés de vivre dans certains quartiers et de porter un morceau de tissu rond et jaune, la rouelle, comme signe distinctif.

Vagabonds et pestiférés

À partir du XIVe siècle, jongleurs et vagabonds inquiètent. On leur donne une pièce quand ils quémandent, mais on leur interdit l'accès des villes. Mieux vaut ne pas être malade au Moyen Âge. Non seulement, il y a peu de chance de guérison, mais en plus, on évite leur contact pour éviter la contagion. On s'écarte devant le lépreux qui agite sa crécelle pour signaler son passage. Toutefois, à partir du XIIIe siècle, un formidable élan de générosité entraîne la construction de milliers d'hôpitaux et d'hôtel-Dieu pour soigner les malades.

La chasse aux sorciers

Après l'arrivée des premiers Barbares en Europe, l'Église a envoyé les moines sur les routes pour convertir le peuple. Mais on ne change pas de façon de penser si facilement et les gens croient encore longtemps aux loups-garous et aux lanceurs de sorts.

Le mouvement cathare

Au XIIe siècle, évêques et abbés vivent souvent comme des princes, beaucoup de chrétiens condamnent cette Église trop riche. Certains réformateurs comme Saint Bernard créent de nouveaux ordres religieux épris de pureté mais dans le peuple, au sud de la France, la contestation est grande. Les cathares (les « purs » en grec) ont fondé une nouvelle Église.

Qui sont-ils ?

Les cathares croient en un Dieu bon et un Dieu méchant. Les pouvoirs religieux et politique craignent leur doctrine, dont l'application croient-ils, pourrait menacer l'ordre social. Ils ont leur propre clergé, leurs propres rites et refusent l'autorité du pape.

Comment vivent-ils ?

Ils vivent en communautés de laïcs et de religieux. Ces derniers se font appeler les Bons Hommes et les Bonnes Femmes. Ils travaillent et mènent une vie simple. Les maisons communautaires cathares sont situées au milieu des bourgs et sont ouvertes au peuple. Elles servent à la fois d'atelier, d'école et d'hospice.

On trouve des cathares en Flandre, comme en Hongrie, mais les communautés les plus importantes sont en Italie et dans le sud de la France. Ils se regroupent au cœur de villages châteaux situés au sommet de collines ou de pics rocheux.

La croisade des albigeois

En 1208, le pape décide de lancer une vraie croisade contre les cathares du sud, aussi appelés albigeois, du nom de la ville d'Albi. Les troupes de chevaliers dirigés par Simon de Montfort font le siège des villes cathares. Les cathares sont blessés, brûlés. En 1244, le dernière forteresse cathare tombe aux mains des croisés.

Les grands voyages

Écoutant la parole du Christ : « Laisse tout et suis-moi », les hommes du Moyen Âge n'hésitent pas à partir sur les routes pour sauver leur âme.

Qui sont les pèlerins ?

Ils sont des milliers à partir chaque année sur les routes. Ce sont des paysans sans terre qui n'ont rien à perdre, des malades qui espèrent guérir, des chevaliers qui ont beaucoup à se faire pardonner.

Pourquoi partir ?

À cette époque où la violence règne, le pèlerinage est un moyen de faire pénitence, de se purifier, de se faire pardonner ses fautes pour commencer une nouvelle vie et gagner le paradis. Certains y vont pour demander une guérison ou faire un vœu. Pour d'autres, c'est une manière de fuir le malheur quotidien, de goûter à l'aventure, mais la plupart des pèlerins sont des gens de toute condition qui ont décidé de faire le point sur leur manière de vivre et qui veulent essayer de mettre en pratique le message de l'Évangile.

Dès le IVe siècle, la coquille symbolise le pèlerinage en général. Mais les marcheurs se rendant à Compostelle vont en faire leur symbole en allant ramasser les coquilles sur les plages de Galice pour prouver qu'ils ont fait le voyage.

À partir du Xe siècle, Saint-Jacques-de-Compostelle est un lieu de pèlerinage très fréquenté. La tradition veut que Jacques le Majeur, un des quatre apôtres les plus proches de Jésus, ait été enterré à cet endroit. Les routes menant à Saint-Jacques sont nombreuses.

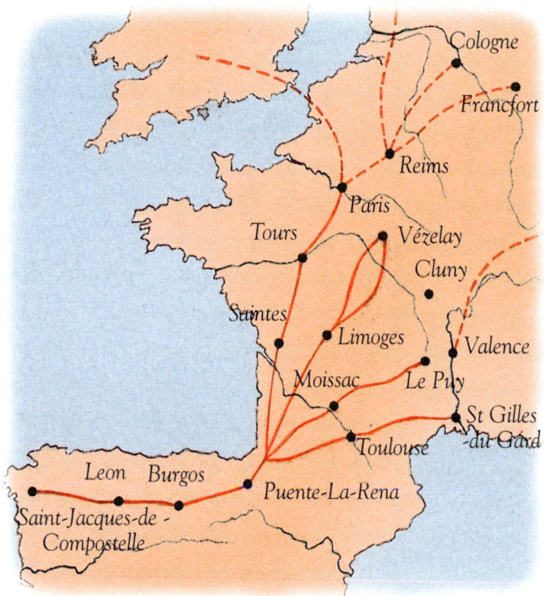

des pèlerins

Jacques le Majeur

sanctuaire. L'important pour un sanctuaire est de rassembler le plus grand nombre possible de souvenirs de la vie d'un saint renommé (les reliques). Les pèlerins viennent pour toucher ces reliques.

À quoi reconnaît-on les pèlerins ?

Avec leur bâton surmonté d'une gourde (le bourdon), ils marchent sur les routes. En guise de bagage, ils n'ont souvent qu'une besace. Les moins pauvres ont quelques pièces. À partir du XIIIe siècle, ils sont vêtus d'un vêtement en grosse toile de laine brune, appelé esclavine. Comme autre signe distinctif, ils portent une coquille Saint-Jacques, symbole de l'apôtre Jacques. On retrouve le même insigne dans le blason des abbés de l'ordre de Cluny qui sont à l'origine de ce pèlerinage.

Mais où vont-ils donc ?

Tous marchent vers des lieux saints. Certains sont très réputés comme Rome où siège le pape, ou bien Jérusalem où se trouve le tombeau du Christ. La destination peut varier en fonction du péché à expier. S'il s'agit d'un péché grave, il faut accomplir un long pèlerinage, si la faute est mineure, un pèlerinage moins éloigné suffit.

Comment voyagent-ils ?

Le pèlerinage n'est pas un voyage touristique. Le chemin est long, fatigant, et les pèlerins risquent chaque jour leur vie. Le soir, ils frappent aux portes des monastères et des hospices pour prendre un bain de pieds, manger et dormir. Ils se reposent aussi dans les églises ou les cathédrales qui jalonnent les chemins. Pour rejoindre Jérusalem, ils s'entassent sur les bateaux où le manque d'hygiène est important.

Les reliquaires sont des coffres précieux renfermant des reliques (un morceau de la croix du Christ ou une partie d'un saint ou encore une pièce du voile de la vierge Marie). Ils pouvaient être ouverts pour les pèlerins.

La course aux reliques

Les saints ont une grande importance au Moyen Âge. Dès la naissance, on est mis sous la protection d'un saint. On compte sur lui à la fin de sa vie pour intervenir auprès de Dieu. Les ossements des martyrs de l'Église sont recherchés pour être ramenés dans un

La reconquête espa

Sur cette carte de l'Espagne figurent en rose, les territoires conquis par les Maures à leur expansion maximale.

La reconquête de l'Espagne par les chrétiens du Nord est soutenue par l'Europe occidentale tout entière. Cette opération que l'on connaît sous le nom espagnol de Reconquista mettra plusieurs siècles avant d'aboutir. Dès le XIe siècle, elle prend une allure de guerre religieuse.

À quoi ressemble l'Espagne avant la Reconquista ?

Au VIIIe siècle, les Arabes, appelés les Maures ou les Sarrasins, ont envahi presque toute l'Espagne. Il reste simplement quelques royaumes chrétiens au nord. Jusqu'au Xe siècle, les califes y font régner une certaine tolérance entre chrétiens, juifs et musulmans.

La trêve est rompue

C'est le chef arabe Al-Mansour qui rompt la trêve. En 997, il détruit la basilique Saint-Jacques-de-Compostelle. Dès lors, les musulmans pillent régulièrement les villes chrétiennes. Les rois chrétiens ripostent en faisant appel à des

gnole : la Reconquista

L'Alcazar est le château depuis lequel Isabelle et Ferdinand de Castille unissent le pays autour de la religion catholique.

mercenaires et aux chevaliers francs qui ont l'habitude de se rendre en pénitence à Compostelle.

De victoire en défaite

Pendant un siècle, la lutte continue sans qu'aucun des partis ne prenne le dessus. La reconquête commence vraiment au XIe siècle. Al-Mansour est mort et l'Espagne musulmane est désormais divisée en royaumes rivaux. En 1085, la prise de Tolède par Alphonse d'Aragon marque une grande avancée pour les chrétiens. Face à l'offensive, les souverains musulmans appellent en renfort de redoutables guerriers venus du Maroc. Pendant quelques décennies, les troupes musulmanes réussissent à maintenir l'avancée des chrétiens. Mais, en 1212, ils sont vaincus à Las Navas de Tolosa, puis c'est la ville de Cordoue qui tombe en 1236. Les musulmans ne détiennent plus que le petit royaume de Grenade dans le sud de l'Espagne.

Repeupler le territoire ?

Pour la reconquête, il faut aussi savoir mettre de son côté la population. On fait venir des chrétiens étrangers, en les aidant à s'installer et en leur offrant un terrain. Petit à petit, les terres saccagées par la guerre sont remises en valeur.

Les rois catholiques

Au début du XIVe siècle, l'Espagne chrétienne est divisée en deux royaumes, celui de Castille et celui d'Aragon. Les Maures ne contrôlent plus que le royaume de Grenade. Le prince Ferdinand d'Aragon et la princesse Isabelle de Castille se marient en 1469. Le couple règne de façon autoritaire sur un seul et même État. Le pape Alexandre IV les honore du titre de « rois catholiques ». En 1492, après dix mois de siège, Grenade tombe aux mains des chrétiens.

Isabelle et Ferdinand de Castille réalisent l'unité de l'Espagne par leur mariage et parviennent alors à mener à bien la reconquête définitive du pays sur les musulmans.

Les croisades en

En 1095, le pape Urbain II appelle tous les chrétiens à s'unir pour délivrer des Turcs Jérusalem, la Ville sainte. En Occident, les guerres n'en finissent pas. La croisade est un moyen de maintenir la paix dans la chrétienté en détournant la violence contre un seul et même ennemi : l'islam. De 1096 à 1291, neuf expéditions sont menées en Terre sainte.

La première croisade
C'est le peuple qui, le premier, répond au pape. Des hommes, des femmes et des enfants partent sur les routes au cri de « Dieu le veut ». Il y a aussi des chevaliers sans terre et en quête de fortune, des aventuriers désireux de découvrir des pays lointains, mais également des criminels et des bandits voulant se faire pardonner de leurs crimes. En signe de ralliement, une croix est cousue sur leurs vêtements.

Comment voyagent-ils ?
Lors de la première croisade, femmes et enfants partent à pied à travers l'Europe centrale. Beaucoup meurent en chemin. Il leur faut trois ans pour arriver en Terre sainte. Éblouis par la beauté de Jérusalem, ils pillent pourtant la ville et massacrent ses habitants.

Terre sainte

En Syrie, le krak des chevaliers est l'une des plus célèbres forteresses des croisés. Son premier propriétaire, le comte de Tripoli, le cède aux moines soldats de l'ordre de l'Hôpital en 1142. C'est une véritable ville capable d'abriter une garnison de 2 000 hommes.

Pourquoi plusieurs croisades ?

Le tombeau du Christ a bien été délivré mais la croisade permet aussi aux Européens de fonder d'autres États en Terre sainte. Très vite des rivalités les opposent. De leur côté, les arabes s'unissent contre l'envahisseur. Cette résistance entraîne huit autres expéditions militaires en 200 ans. À la fin du XIIIe siècle, Jérusalem et presque toute la Palestine sont reprises par les musulmans.

Les préparatifs

La croisade n'est pas un pèlerinage ordinaire. Traverser la Méditerranée coûte très cher au chevalier qui embarque ses chevaux, ses serviteurs et ses bagages ! Pour payer l'expédition, le seigneur doit rassembler beaucoup d'argent. Parfois, il donne ses terres en gage et dépose les biens qui lui restent sous la protection de l'Église.

Le rôle des forteresses

Pour protéger leurs États en Orient, les croisés bâtissent et occupent des forteresses. Ce sont à la fois des centres économiques et d'extraordinaires places fortes établies sur des lieux stratégiques, sur la route de Jérusalem ou le long des voies maritimes. Mais faute d'argent, les seigneurs ne peuvent pas continuer à entretenir leurs forteresses et les confient aux moines soldats.

Des moines

Les moines soldats sont apparus au XIIe siècle, à l'époque des croisades. À la fois moines et guerriers, ils portent l'épée et la croix. Leur but est de se consacrer aux soins et à la défense des pèlerins en Terre sainte. Leur rôle militaire ne cesse de grandir et les ordres religieux deviennent de plus en plus riches et puissants.

Qui sont les Templiers ?

Les Templiers sont aussi appelés les Chevaliers du Temple. L'ordre est né en 1118 lorsque neuf chevaliers décident d'assurer la défense des pèlerins entre le lieu où les bateaux les débarquent et leur arrivée à Jérusalem. Ils forment l'ordre des « Pauvres Chevaliers du Christ ». C'est une véritable police de la route. En 1119, le roi de Jérusalem, Baudouin de Bourg, leur donne une salle de son palais puis leur cède l'emplacement de l'ancien temple de Salomon, d'où le nom des Templiers.

Qui sont les hospitaliers ?

Avant l'époque des croisades, il existe à Jérusalem un hospice où les moines accueillent les chrétiens venus en pèlerinage. Le moine qui dirige le monastère est chassé par les arabes. Il rejoint l'armée chrétienne et soigne activement les blessés durant le siège. Par la suite, l'hospice est protégé par le nouveau roi chrétien, puis par le pape.

Les Templiers se distinguent par leur manteau blanc orné d'une croix rouge. Au début, leur rôle est d'assurer la protection des pèlerins sur la route de Jérusalem.

soldats

En faisant vœu d'hospitalité les moines prennent naturellement le nom d'hospitaliers. Ce sont des médecins très en avance sur leur temps. Mais soigner les malades ne suffit pas face à l'offensive arabe. Les hospitaliers s'arment aussi pour défendre les États chrétiens.

La fin des Templiers

L'ordre, qui a déjà beaucoup de privilèges, s'enrichit grâce à de nombreuses donations. De plus, les pèlerins, soucieux de ne pas se faire dévaliser en cours de route, prennent l'habitude de leur confier leur argent. Les moines soldats se transforment en banquiers. Inquiets de tant de pouvoir, les souverains les font arrêter. L'ordre des Templiers est aboli en 1312. Les Templiers sont condamnés à mort et leurs biens attribués aux hospitaliers.

Où se retirent les hospitaliers ?

Après la chute de Jérusalem, les hospitaliers s'installent à Saint-Jean-d'Acre. La ville tombant à son tour aux mains des Sarrasins, ils se réfugient sur l'île de Chypre, puis sur celles de Rhodes et de Malte. Les hospitaliers vont se constituer une flotte puissante pour devenir les gendarmes de la Méditerranée.

Qui sont les chevaliers teutoniques ?

Ils appartiennent à un troisième ordre de moines soldats, fondé à Jérusalem en 1198. Ce sont des nobles allemands qui rejoignent cette congrégation. Après les croisades, les chevaliers teutoniques entreprennent de convertir les peuples du nord-est de l'Allemagne. Ils se constituent un vaste état mais ils sont massacrés par les troupes du roi de Pologne en 1410.

Des livres copiés

Une lettrine

Les monastères sont des îlots de savoir. Pendant les bouleversements du Haut Moyen Âge, c'est l'Église qui empêche la culture de disparaître grâce aux ateliers de copistes.

Qu'appelle-t-on un scriptorium ?

C'est un atelier de moines situé dans un monastère. Leur tâche consiste à recopier des ouvrages, parfois en y faisant des ajouts. Pas question d'ordinateurs ou de photocopies, tout le travail se fait à la main, c'est long et fastidieux. Les moines, appelés copistes, écrivent à la plume sur du parchemin (de la peau d'animal). Celui-ci est plus solide et plus beau que le papyrus utilisé depuis l'Antiquité. Souvent, les pages sont illustrées d'enluminures, de jolies lettres peintes. À partir des Carolingiens, l'écriture devient très lisible et ressemble à la nôtre, c'est la caroline.

Quelle est la valeur d'un manuscrit ?

Le manuscrit, livre écrit à la main, est très précieux. Sa reliure, c'est-à-dire la couverture qui le protège, est un véritable bijou. On utilise des plaques d'or et d'argent, gravées ou non, des pierres précieuses, de l'ivoire, de l'émail. Parfois aussi, les pages sont couvertes de lettres en feuilles d'or et d'argent.

Comment conserve-t-on les manuscrits ?

Étant donné leur valeur extraordinaire, les manuscrits sont conservés

à la main

dans des coffres ou des armoires. Ils sont maintenus fermés par des attaches et rangés à plat et non pas verticalement, comme on le fait aujourd'hui.

À qui sont destinés les manuscrits ?

La plupart sont destinés aux trésors des églises, car ils coûtent très cher. Si un seigneur en possède un, il en est très fier, même s'il ne sait pas lire. Encore moins en latin. En effet les moines recopient les écrivains latins dans leur langue, même si celle-ci n'est plus parlée. Il existe d'un côté la langue des savants, et de l'autre celle de tout le monde, le seigneur comme le paysan.

Existe-t-il des bibliothèques ?

Oui. Les monastères, les collèges et les universités ont leur propre bibliothèque. Ainsi les étudiants qui ne peuvent pas acquérir les livres nécessaires à leur enseignement peuvent venir les emprunter ou les recopier. Certaines bibliothèques réservent une partie des manuscrits au prêt, les autres ouvrages sont enchaînés aux tables de travail afin d'être consultés sur place.

Que trouve-t-on dans les manuscrits ?

Les textes recopiés peuvent être païens ou chrétiens. L'Église utilise les informations notées dans les textes antiques. Les connaissances progressent alors à la lecture des auteurs anciens : Euclide pour les mathématiques, Aristote pour la philosophie, Ptolémée pour l'astronomie et Hippocrate pour la médecine.

À l'époque, les pages des livres sont très souvent richement décorées et illustrées.

De l'école à

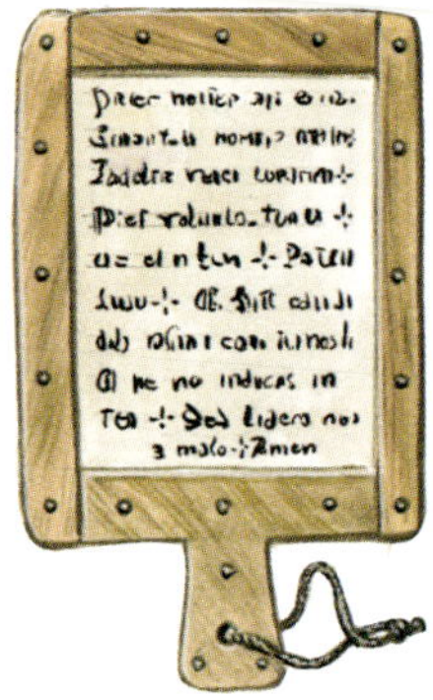

La tablette de l'écolier.

Pendant longtemps, l'école est réservée aux futurs hommes d'Église. Les nobles, ne s'y intéressent pas. Charlemagne décide de créer des écoles pour former de bons administrateurs dans son empire. Mais, jusqu'au XIIe siècle, les écoles restent rares. À la fin du Moyen Âge, la plupart des gens ne savent ni lire ni écrire.

Sacré Charlemagne !

Charlemagne, qui est très croyant, considère que sa mission est de conduire son peuple au salut. Pour cela, il faut un clergé instruit qui puisse dire correctement les messes et enseigner aux laïcs. Charlemagne demande à ce que soient créées des écoles pour que tous les enfants apprennent à lire. La connaissance des prières est la base de l'enseignement. L'empereur compte sur les petits pour instruire leurs parents.

Où peut-on apprendre ?

Les riches seigneurs peuvent payer un précepteur pour éduqer leurs enfants au château. D'autres confient les jeunes au monastère. Ils recevront un enseignement en échange d'argent et de terre, sans obligation de devenir moines.
Les moins riches offrent leur enfant aux religieux, le futur moine est alors nourri et logé. Avec la croissance des villes au XIIe siècle, les écoles se développent, on y apprend à lire, à écrire et à compter. Les artisans et les marchands les préfèrent aux écoles monastiques où ils craignent que les enfants ne deviennent moines.

Quel est le matériel du petit écolier ?

L'écolier ne porte pas de cartable mais une petite pochette de cuir suspendue à sa ceinture. À l'intérieur se trouve une tablette

l'université

Les premières université apparaissent au XIIe siècle.

à écrire en bois recouverte de cire ou blanchie à la chaux. L'écolier y écrit grâce à un instrument pointu en os ou en métal.

Des études courtes

L'enfant peut aller à l'école à partir de 6-8 ans. L'apprentissage d'un métier débutant vers 12 ans, il est rare qu'il continue au-delà de 15 ans.

Quand apparaissent les universités ?

C'est à la fin du XIIe siècle que l'enseignement secondaire s'organise. La naissance des universités est liée à l'essor des villes. Le maître loue une salle et fait payer ses cours aux étudiants qui viennent l'entendre. Chaque université a sa spécialité : Bologne (en Italie) est connue pour l'enseignement du droit, Montpellier pour la médecine et Paris pour la philosophie.

Comment se déroule un cours ?

Assis sur une estrade, le maître enseigne, lit et commente des textes en latin. Une nouvelle méthode de travail est mise au point : la scolastique. Elle se divise en quatre étapes : la lecture d'un texte, la mise en question d'un problème, la discussion sur ce thème et l'élaboration d'une solution.

Qui sont les étudiants ?

Ce sont souvent des fils de marchands, d'officiers ou encore les neveux d'hommes d'Église. Ils vont d'université en université. Il existe aussi des étudiants pauvres qui payent leurs cours en devenant jongleurs ou bouffons, ou même qui recopient les cours des maîtres plusieurs fois pour les revendre à des étudiants plus fortunés.

La naissance de

À la fin du Moyen Âge, l'invention de l'imprimerie, précédée par l'apparition du papier, va entraîner une très grande révolution en permettant à un plus grand nombre d'accéder librement à l'information écrite.

Comment le manuscrit précieux se transforme-t-il en manuscrit scolaire ?

À côté de l'exercice oral, le livre est la base de l'enseignement. Le nombre d'étudiants augmentant, il doit donc y avoir plus de manuscrits. Le livre n'est plus seulement un objet de luxe mais aussi un objet courant comme le manuel scolaire. À partir du XIIIe siècle, les copistes travaillent désormais dans des ateliers laïcs placés sous la surveillance des universités. Parallèlement, le système de prêt se perfectionne avec la possibilité de louer des morceaux de manuscrits, mais cette pratique coûte cher.

Où peut-on acheter des livres ?

Il existe de plus en plus de librairies dans les cités universitaires ou marchandes. Les libraires, qui sont à la fois éditeurs et marchands de livres, profitent d'une nouvelle clientèle riche et laïque.

Pourquoi le manuscrit disparaît-il ?

Le manuscrit demande une main-d'œuvre très spécialisée et demeure un objet cher, réservé à une clientèle privilégiée. Pourtant, l'intérêt pour l'écrit grandit depuis le XIIIe siècle, grâce aux frères mendiants qui, de ville en ville, font sa publicité avec des lectures publiques.

La fabrication du papier.

l'imprimerie

Les caractères mobiles sont assemblés pour composer une page. Cette page est encrée, puis la feuille de papier est appliquée et pressée pour être imprimée.

Quand le papier apparaît-il en Occident ?

Le papier est ramené de Chine par les Arabes et transmis en Occident vers le Xe ou XIe siècle par le biais de l'Espagne et de l'Italie du Sud. Au XIVe siècle, des moulins à papier sont établis dans différentes régions de France. Le prix du papier ne cesse de baisser : au XIVe siècle, il coûte quatre fois moins cher que le parchemin.

Comment est née l'imprimerie ?

À la fin du XIVe siècle, différents procédés sont mis au point pour multiplier les images et les textes. C'est dans ce contexte qu'un orfèvre allemand, Johannes Gutenberg, invente l'imprimerie en 1438. Il fabrique des petites pièces de métal mobiles figurant chacune en relief une lettre de l'alphabet. Ces pièces sont encrées puis appliquées mécaniquement sur le papier.

À quoi ressemblent les premiers livres imprimés ?

Les premiers livres imprimés ressemblent à ceux que fabriquent les copistes. Les caractères imitent en effet l'écriture à la main. De la même manière, les livres sont ornés de capitales richement décorées (les letrines voir p. 104).

À partir de 1457, on peut même imprimer de la couleur. L'impression en trichromie permet reproduire toutes les teintes souhaitées à partir des trois couleurs primaires : le magenta (rouge), le cyan (bleu) et le jaune. Le premier livre imprimé est une bible.

Des récits d'amour

Le seigneur, avant de partir pour la guerre ou en croisade, aime écouter les aventures héroïques des chansons de gestes.

À l'époque médiévale, le texte doit servir d'exemple. Que ce soit un récit d'histoire, un conte, un roman ou une chanson de geste, il cache souvent des réflexions sur le monde et sur la société. Ainsi, derrière chaque mot, derrière chaque image, il faut chercher un sens.

Que sait-on des auteurs ?

Au Moyen Âge, le mot écrivain n'existe pas. Les textes ne sont pas toujours signés et, quand ils le sont, on sait généralement peu de choses de l'auteur. De plus, le texte évolue au gré des copies qui en sont faites : le copiste modifie des mots, ajoute des vers et, à force de modifications, il peut donner une version du texte entièrement nouvelle.

En quoi consistent les chansons de geste ?

Ce sont des poèmes composés non pas en latin, mais dans la langue de tout le monde. On distingue deux grands groupes de langue dans la France de l'époque : au nord, la langue d'oïl, et, au sud, la langue d'oc. Les chansons de geste sont récitées par les troubadours pour distraire les seigneurs pendant les soirées d'hiver au château. Ces poèmes sont très à la mode pendant le XIIe et le XIIIe siècles. Ils racontent les hautes actions (gesta) des héros légendaires. Les seigneurs qui vont se lancer dans l'aventure des croisades aiment tout particulièrement entendre raconter ce genre d'exploits.

Les contes populaires

L'ogre, le Petit Chaperon

Les ogres font déjà partie des histoires que l'on raconte aux enfants au Moyen Âge.

et d'aventures

Les dames écoutent avec attention les poèmes chantés qui traitent des sentiments entre hommes et femmes, c'est la mode de l'amour courtois.

rouge, Merlin l'enchanteur, la fée Mélusine, Peau d'âne... bon nombre des histoires qui sont racontées aux enfants d'aujourd'hui existent déjà au Moyen Âge. Comme les petits, les grands adorent, à l'époque, ce genre de contes.

La littérature courtoise

La littérature courtoise est née dans le midi de la France. C'est une littérature destinée à un public sachant lire. Elle parle de sentiments, mais pas de l'amitié entre hommes que célèbrent les chansons de geste, ni du mariage, qui est une histoire d'argent et de force. Elle parle de la liberté des sentiments entre les hommes et les femmes. C'est une grande nouveauté dans le monde médiéval.

Les récits pour rire

Les gens sont friands de petits récits plus ou moins comiques qui mettent en scène des personnages aux traits à la fois humains et animaux. On s'y moque du noble, du bourgeois ou du riche paysan. L'un des plus connus, le *Roman de Renart*, ne compte pas moins de 25 000 vers.

Et le roman ?

La grande nouveauté avec le roman, c'est que le texte n'est pas chanté. Il est destiné à être lu à haute voix et attache une importance au déroulement du récit. Il est écrit en vers jusqu'à la fin du XIIe siècle. Les aventures du roi Arthur et de ses chevaliers sont un des grands succès du Moyen Âge.

Comment

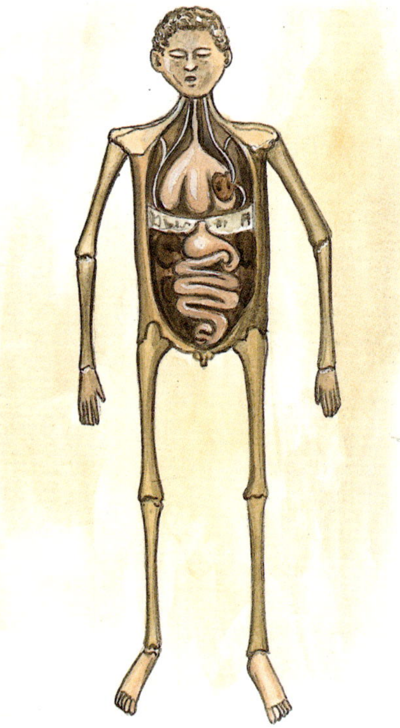

Dans la rue, on peut croiser un arracheur de dents, tandis que l'apothicaire vend des remèdes à base de plantes et d'épices.

La médecine au Moyen Âge est tout imprégnée de croyances magiques et religieuses. Elle n'est pas fondée sur l'expérience et s'apprend dans les livres anciens sauvegardés dans les monastères.
Elle s'appuie aussi sur le savoir des Arabes qui eux-mêmes ont repris les idées médicales de l'Antiquité et ont créé la pharmacie.

Qui soigne quoi ?

Les soigneurs ambulants courent la campagne pour apaiser les hernies et différents maux des yeux, des reins... Les rebouteux, d'un tour de main, remettent en place les os déboîtés ou réduisent les fractures. Les apothicaires, ancêtres des pharmaciens, préparent les remèdes et les barbiers-chirurgiens, entre deux coupes de cheveux, peuvent pratiquer une opération. Les médecins les plus riches travaillent pour le roi tandis que les autres se plaignent de la concurrence. On dit que le roi Charles VI avait au moins 22 médecins, sans compter les chirurgiens et les apothicaires...

Où apprend-on la médecine ?

La médecine est enseignée dans les monastères, où les moines ont pour mission de soigner les malades.
En ville, les chanoines-médecins sont à la fois professeurs dans les écoles-cathédrales et médecins à l'hôtel-Dieu. Les soignants diplômés sont généralement des religieux, mais à partir du XIIe siècle, l'Église interdit aux clercs d'effectuer des opérations chirurgicales.
Ce n'est qu'au XIIIe siècle que l'on pourra apprendre la médecine à l'université.

soigne-t-on ?

La saignée était très pratiquée pour purifier le corps, mais elle affaiblissait le patient.

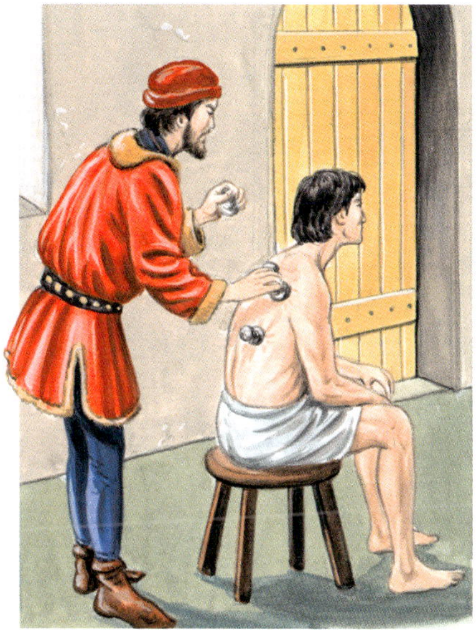

La pose de ventouses devait permettre de décongestionner le malade.

On pratique déjà l'analyse d'urine, mais cette observation est encore peu fiable.

Le corps humain est-il bien connu ?

Il n'y a pas eu de grands progrès au Moyen Âge concernant le corps humain. Les grandes découvertes ont eu lieu plus tôt, à Alexandrie au IIIe siècle avant notre ère, puis à Rome au Ier siècle ap. J.-C. De grandes avancées se feront à la Renaissance. La médecine médiévale se base sur le savoir médical romain. L'observation scientifique n'est pas une préoccupation de l'époque et seuls les corps de criminels peuvent être disséqués pour être étudiés.

Quelles sont les pratiques?

Pendant l'Antiquité, le médecin examine son malade essentiellement en lui prenant le pouls et en regardant sa langue.
Au Moyen Âge, on préfère l'examen des urines.
Les soins les plus pratiqués sont la pose de ventouses, la saignée, l'administration de tisanes pour les lavages d'estomac et de sirops à base d'épices. Dans les cas les plus graves, comme l'extraction d'une pointe de flèche ou d'une lame de poignard, on lave la plaie au vin ou à l'huile, puis on cautérise au fer rouge. On fait même des trépanations (ouverture de la boîte crânienne). Les opérations ne commencent qu'après que le patient a respiré dans une éponge imbibée de plantes qui engourdissent.

Où les malades sont-ils soignés ?

Dans des hospices, des hôpitaux, des hôtels-Dieu qui sont généralement bâtis aux frais de l'Église et des fidèles. Les malades sont placés dans de grandes salles communes et sont parfois logés à deux par lit.
Ces établissements sont souvent tenus avec soin.

Qu'est-ce que

Au XIe siècle, l'Occident prospère. Moines et chevaliers sont d'infatigables bâtisseurs. Un nouvel art apparaît qu'on appelle roman. C'est avant tout un art religieux. Construire une église, c'est faire une offrande à Dieu. Tous les arts sont réunis sur un même chantier.

Pourquoi des églises si trapues ?

L'église romane est comme un coffret enfermant un autel. Elle est pleine de mystères. Son plan en forme de croix représente à la fois la crucifixion du Christ et les quatre points cardinaux qui figurent l'univers. Elle est construite avec de belles pierres, bien taillées. Pour éviter les incendies et renforcer l'idée d'écrin, le toit n'est plus couvert d'une simple charpente en bois mais d'une voûte de pierre, c'est-à-dire un plafond arrondi comme la voûte céleste.

Une architecture particulière

La pierre ayant remplacé le bois au niveau de la couverture du toit, les murs doivent supporter un poids beaucoup plus lourd. Tout est fait pour reporter ce poids sur des points précis. Différents types de voûtes sont utilisés. **La voûte en berceau (1)** (début du XIe s.). Elle s'inspire de la forme de l'arc.

l'art roman ?

Les sculptures illustrent des scènes religieuses et permettent à ceux qui ne savent pas lire de connaître par exemple la vie des saints, mais elles sont aussi là pour avertir le fidèle des châtiments qui peuvent le menacer.

La voûte d'arêtes (2) (fin du XIe s.) correspond au croisement à angle droit de deux voûtes de berceau. Enfin, comme pendant l'Antiquité, on utilise **la coupole (3)**, c'est-à-dire une voûte dessinant l'intérieur d'une coupe ronde. Cette forme est particulièrement efficace pour stabiliser les bases d'un clocher. Quelle que soit la voûte, le reste de la construction doit être très solide. Les murs sont donc épais et peu élevés et les ouvertures sont rares.

Y a-t-il de la couleur ?
Les églises romanes n'ont rien à voir avec celles que l'on peut visiter aujourd'hui, elles sont pleines de couleurs désormais effacées. Comme il y avait peu de fenêtres, les vastes surfaces murales sont ornées de fresques. Quand ils ne sont pas peints, les murs sont ornés de riches tapisseries.

Où trouve-t-on des sculptures ?
On en trouve partout, à l'intérieur comme à l'extérieur, sur les chapiteaux qui coiffent les piliers, autour des fenêtres, tout autour des porches, sur la façade tout entière. Elles sont également peintes. Les sculptures s'inspirent de toutes sortes de styles : on trouve des volutes, des arabesques empruntées aux musulmans, des motifs de feuilles, des animaux étranges qui grimacent...
Dieu apparaît dans la partie supérieure des portails appelée le tympan.
La sculpture est comme une bible de pierre destinée à ceux qui ne savent pas lire. Elle enseigne le catéchisme et n'hésite pas à montrer des scènes effrayantes pour frapper l'imagination de la foule des fidèles.

Le temps des

L'art gothique est né au XIIe siècle dans les villes du nord de la France. La cathédrale, qui symbolise l'élan de la foi, s'élance vers le ciel et s'ouvre à la lumière. C'est la maison du peuple. Tous les corps de métier participent à sa construction.

Toujours plus haut

L'idée est d'élever les murs de plus en plus haut, de les ouvrir du plus grand nombre de fenêtres possible pour que la lumière inonde l'intérieur de l'édifice. Les maîtres d'œuvre soulagent la voûte par des nervures en croix appelées des ogives. Pour résoudre le problème d'équilibre, ils ajoutent des arcs-boutants aux points où reposent les ogives. Ce sont des arcs élevés à l'extérieur qui viennent s'appuyer sur le mur pour le consolider.

Un lien entre l'homme et Dieu

Vers 1130, une nouvelle conception du sanctuaire apparaît. L'édifice doit non seulement s'élever de plus en plus vers le ciel mais aussi s'ouvrir à la lumière pour symboliser le lien entre l'homme et Dieu.
En éclairant la cathédrale, la lumière illumine aussi le cœur des fidèles.

Toujours plus beau

Le décor doit être à la portée de tous. Avec son ciseau à pierre et son maillet, le sculpteur consacre tous ses soins à la façade de la cathédrale. Les sculptures ne doivent plus faire peur au peuple avec des images monstrueuses.
Les représentations s'adoucissent, les visages sourient, les vêtements prennent du volume.
Peu à peu, les statues

cathédrales

Les vitraux permettent de raconter des histoires de la Bible ou de la vie quotidienne.

Ci-contre, Notre-Dame de Paris.

se détachent des murs pour devenir totalement indépendantes.

De la dentelle de pierre ?

Au fur et à mesure que le temps passe, le décor des cathédrales devient de plus en plus riche, de plus en plus fin et ajouré, comme de la dentelle. Les éléments décoratifs se multiplient et les gargouilles, à tête de bêtes réelles ou imaginaires, se jettent dans le vide pour cracher l'eau de pluie.

Toujours plus coloré

Les murs étant moins nombreux, les fresques sont plus rares. Mais le vitrail les remplace. Des morceaux de verre de couleur sont découpés au fer rouge, puis entouré d'un maillage de plomb. En les assemblant, le verrier dessine des motifs purement décoratifs comme les superbes rosaces ou des personnages, ou bien il crée des séries de petites histoires. Parfois même sont représentés des artisans en train de travailler ou des seigneurs à genoux : ce sont les donateurs, c'est-à-dire tous ceux qui ont contribué à la construction de la cathédrale par leur travail ou par leur argent.

Un chantier incroyable

Édifier une cathédrale est un travail colossal qui mobilise tous les habitants. La construction peut durer de très nombreuses années et même des siècles. Des problèmes d'argent ralentissent parfois la progression du chantier ou même une erreur de construction qui fait s'effondrer une partie de l'édifice !

Sculptures d'église

Au Moyen Âge, il y a un nombre incroyable de tombeaux dans les églises. Ils sont là pour honorer les morts et instruire les vivants. Avant tout, ils expriment la foi du défunt. Parfois, les grands du royaume n'hésitent pas à se faire élever plusieurs tombeaux.

Qu'est-ce qu'un gisant ?

Le gisant est une statue couchée sur un tombeau, représentant une personne. Le mort est figuré comme un vivant, allongé, souvent les mains jointes et les yeux grands ouverts.

Tous les tombeaux n'ont pas de gisants, certains n'ont qu'une pierre tombale gravée à l'image du défunt ou un simple signe qui le distingue.

Les visages sculptés sont-ils de vrais portraits ?

Tout au long du XIIIe siècle, les morts sont idéalisés. On les montre jeunes et beaux, très calmes en attendant le jugement de Dieu. À la fin du XIIIe siècle, les goûts changent : les sculpteurs recherchent la ressemblance. Pour plus de réalisme, les visages des morts sont moulés à la cire. Les grands personnages prennent l'habitude de préparer à l'avance leur tombeau pour que soit respectée leur personnalité.

Part-on seul vers l'au-delà ?

Le mort veut souvent avoir sa femme ou son mari couché à ses côtés. Et comme les époux ne meurent pas en même temps, il arrive que l'un d'eux ait déjà son gisant longtemps avant de mourir. Le défunt est représenté parfois accompagné de saints, de saintes ou encore de la Vierge, ou même de personnages en costume de deuil, les pleurants.

La peinture évolue

Cliché © M. Deneyer/CIAM.

Dans les églises du Moyen Âge, la peinture suit l'architecture du monument. Les peintures murales ont des tons rouge, ocre et jaunes ou même des couleurs plus vives.

À la fin du Moyen Âge, la peinture connaît de grandes transformations. Les peintres, qui ont jusqu'alors représenté un univers idéal, cherchent désormais à reproduire la réalité du monde. Grâce à eux, la peinture va se hisser au premier rang des arts.

Où trouve-t-on la peinture au Moyen Âge ?
Durant une grande partie du Moyen Âge, c'est essentiellement sur les murs des églises et dans les riches manuscrits que l'on trouve les peintures. Beaucoup sont aujourd'hui détruites mais il faut imaginer murs et chapiteaux des églises ornés de fresques chatoyantes. Quant aux manuscrits issus des scriptoria, ils sont très richement peints. Pour la fresque comme pour l'enluminure, les sujets sont principalement religieux. Au même titre que la prière, les thèmes abordés doivent aider l'esprit à s'élever.

Qu'est-ce que la perspective ?
Pendant longtemps, les peintres plaquent des scènes sur des fonds colorés ou dorés sans qu'il y ait effet de profondeur. En Italie, aux XIVe et XVe siècles, des peintres comme Giotto ou Massacio vont retranscrire la réalité du monde en créant l'illusion des volumes.

Cet artiste du XVe siècle achève un portrait tandis que son aide prépare les couleurs.

Mais, pour donner l'apparence de la vie, les personnages doivent sembler bouger dans un espace, c'est ainsi que naît la perspective. Pour créer l'impression de profondeur, les artistes tracent un réseau de lignes qui convergent vers un même point : c'est le point de fuite.

Qu'est-ce qui caractérise la peinture du Nord ?

Ce qui caractérise les peintres flamands à cette même époque, c'est le réalisme de leur peinture. Non seulement ils rendent avec précision une multitude de détails, mais ils montrent en quoi les choses sont faites : du granit ou du marbre pour la pierre, du lin, du velours ou de la fourrure pour les vêtements. Ces peintres abandonnent la fresque pour peindre sur des panneaux de bois : c'est ce qu'on appelle la peinture de chevalet. Ce sont les riches bourgeois du nord de l'Europe qui leur passent commande.

Qui a inventé la peinture à l'huile ?

Dans la fresque, c'est l'eau qui sert à lier les colorants ; dans la peinture à l'huile, c'est l'huile qui joue ce rôle. Cette technique n'a pas été inventée par le peintre flamand Jan Van Eyck, en revanche, celui-ci apporte des perfectionnements qui permettent de donner aux couleurs un aspect brillant et transparent sans ajouter de vernis.

L'art du portrait

Longtemps, les artistes ont peint des figures idéales. À partir du XIVe siècle, ils vont chercher à rendre la personnalité de chacun, qu'il soit laid ou beau. Cette justesse n'est pas réservée aux Flamands ; chez les peintres français, comme Jean Fouquet, on retrouve ce même souci de vérité.

Comment travaillent les peintres ?

Il est difficile de savoir qui a peint une œuvre, car souvent les peintres travaillent à plusieurs : par exemple l'un fait les figures, l'autre s'applique aux paysage. En effet, les peintres sont regroupés en corporation. Ils travaillent dans des ateliers et parcourent ensemble l'Europe. D'où le mélange des styles. Ce n'est que vers le XIIIe siècle que la notion d'artiste (comme le peintre d'aujourd'hui) apparaît.

La musique

Une partition de l'époque médiévale.

Qu'ils soient paysans, chevaliers ou moines, les hommes du Moyen Âge aiment la musique. Elle accompagne aussi bien les fêtes populaires que les cérémonies religieuses. Elle est considérée comme une véritable science.

Unifier par la musique

Lorsque l'Église au Haut Moyen Âge entreprend d'unifier le pays, la musique participe à cet effort d'unification. L'organisation des messes, des prières, des lectures et des chants est strictement réglementée par le pape Grégoire le Grand. Le pape fait en sorte qu'il n'y ait plus qu'un seul répertoire de chants utilisé pour le culte. Plus tard, ces chants seront appelés « grégoriens ».

Comment retenir la mélodie ?

Les nouveaux chrétiens apprennent très vite les mélodies que leur enseignent les missionnaires. Mais, comme les mélodies sont de plus en plus nombreuses, on crée sous Charlemagne des sortes d'aide-mémoire pour les chanteurs. On place au-dessus de chaque syllabe du texte à chanter des signes qui indiquent l'allure de la mélodie. Plus tard, on perfectionne la notation en plaçant les signes à des hauteurs différentes : le plus aigu, le plus haut, le plus grave, le plus bas. Puis, suivant l'exemple des Grecs, on va associer des lettres à des sons. Au Xe siècle, on met au point un système de lignes colorées qui servent de repères à l'intonation à donner à chaque syllabe.

Un théâtre chanté !

Le théâtre est d'abord un art religieux. Pendant le carême, sur le parvis des églises, des acteurs jouent les différents épisodes de la vie du Christ ou encore des miracles de saints très célèbres (voir p. 111).

Les instruments

Chants et musique ne sont pas réservés à l'Église. Troubadours, trouvères, ménestrels et jongleurs jouent dans les palais, les auberges et les jardins grâce à leurs instruments qu'ils emportent partout.

De quels instruments joue-t-on ?

Longtemps, on n'a joué d'aucun instrument de musique dans les églises sous prétexte qu'ils pouvaient perturber l'attention des fidèles. Mais l'orgue finit par y être accepté. Il existe des orgues de très grandes dimensions, qui peuvent compter près de quatre cents tuyaux, d'autres sont portatives ou faites pour être posées sur des meubles.

À cordes

Parmi les instruments à cordes, il y a la harpe, très appréciée des jongleurs et de la noblesse, la lyre et le psaltérion, le luth qui accompagne les voix, et encore la guitare et la très noble vièle avec son archet.

À vent

Ils sont aussi nombreux : les chalumeaux, dont les sons ressemblent à ceux de la clarinette, les différentes flûtes et la muse, qui rappelle la cornemuse actuelle.
Les cors servent à annoncer les repas au château et les trompettes sont généralement réservées aux guerriers.

À percussion

Ces instruments sont plus rares. Les cloches utilisées très tôt sont parfois cousues sur les habits mais on connaît aussi les tambours et les cymbales, dont les rythmes accompagnent les danseuses.

Petite chronologie

476 : Chute de l'Empire romain d'Occident.

711 : Conquête de l'Espagne par les musulmans.

799 : Première attaque des Vikings en Gaule.

800 : Début du nouvel Empire d'Occident. Charlemagne est couronné empereur.

813 : Découverte du tombeau de saint Jacques le Majeur, en Espagne, futur lieu de pèlerinage.

855-886 : Siège de Paris par les Vikings.

vers 1000 : Grande famine en Europe. Révoltes paysannes.

1020 : Première notation des notes de musique.

1054 : Séparation de l'Église d'Orient et d'Occident.

1066 : Guillaume de Normandie conquiert l'Angleterre.

1095-1099 : Première croisade.

vers 1100 : Premières universités en Europe.

vers 1130 : Reconstruction de l'abbatiale de Saint-Denis, premier monument gothique.

1204 : Constantinople est prise par les croisés.

1244 : Fin du royaume chrétien de Jérusalem.

1270 : Première carte marine en Méditerranée (le portulan génois).

1271 : Départ de Marco Polo pour la Chine.

1337-1453 : Guerre de Cent Ans entre les Anglais et les Français.

1347 : Apparition de la peste noire en Europe.

1415 : Début de l'exploration de l'Afrique par les Portugais.

1438 : Invention de l'imprimerie typographique par Gutenberg.

1453 : Conquête de Constantinople par les Turcs ottomans. Fin de l'Empire de Constantinople (Byzance).

Nous remercions pour son aimable collaboration M. Sabbagh, responsable du service éducatif et culturel des Archives Nationales.

TABLE DES MATIÈRES

IVLIVS
APRILIS
MAIVS